Anglais hôtellerie

Mélanie Louis

Serena Murdoch-Stern

Nathan

Édition : Christine Asin / Emmanuelle Pellé
Coordination artistique : Évelyn Audureau
Conception intérieur : Favre & Lhaïk
Conception couverture : Killiwatch
Composition : Alinéa
Illustration : Aude Macquet
Fabrication : Pascal Mégret

ISBN : 978-2-09-162442-6

Réflexe

Révisez autrement et développez votre mémoire auditive grâce aux QCM* audio proposés gratuitement en complément de cet ouvrage

* de 50 à 100 QCM selon la discipline

www.nathan.fr/reflexe

- Je me connecte avec mon livre en main
- Je télécharge
- J'écoute les questions où et quand je veux
- Je mémorise les réponses
- Je réussis !

50 à 100 questions ou vrai/faux à écouter en mp3

Un temps de réponse adapté

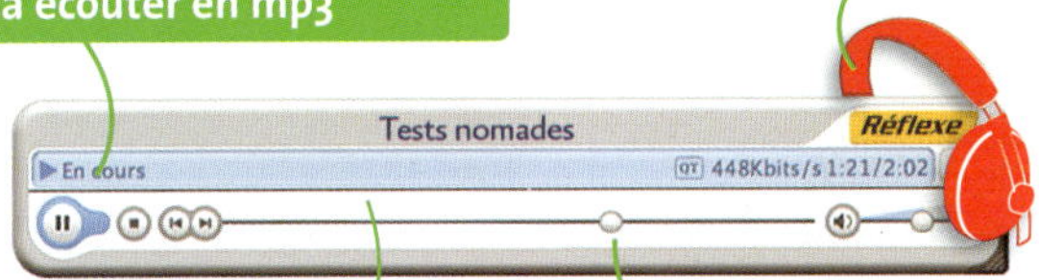

Des questions courtes pour valider vos connaissances

Un découpage par chapitre ou partie pour faciliter la révision

Nathan

Sommaire

VOCABULAIRE ET EXERCICES

La cuisine

1. Le personnel et les catégories de restaurants / *Staff and types of restaurant* 8
2. La tenue professionnelle / *Professional attire* 10
3. Le local cuisine / *The kitchen* 12
4. Les normes d'hygiène / *Hygiene standards* 14
5. Les normes de sécurité et les premiers secours / *Safety standards and first aid* 16
6. Les achats et le stockage / *Purchasing and storage* 18
7. La coutellerie / *Knives* 20
8. Les ustensiles et les plats / *Utensils and dishes* 22
9. La batterie de cuisine et les matériaux / *Cookware and material* 24
10. Les poissons : généralités / *Fish: general* 26
11. Les poissons et crustacés (A → K) / *Fish and shellfish (A → K)* 28
12. Les poissons et crustacés (L → Z) / *Fish and shellfish (L → Z)* 30
13. La viande : généralités / *Meat: general* 32
14. Les ovins et les porcins / *Sheep and Pigs* 34
15. Les bovins / *Bovine animals* 36
16. Le gibier / *Game* 38
17. La volaille / *Poultry* 40
18. Les œufs et les tripes / *Eggs and tripe* 42
19. Les légumes : généralités / *Vegetables: general* 44
20. Les légumes (A → G) / *Vegetables (A → G)* 46
21. Les légumes (H → Z) / *Vegetables (H → Z)* 48
22. Les céréales, le riz et les pâtes / *Cereals, rice and pasta* 50
23. Les fruits : généralités / *Fruit: general* 52

24. Les fruits / *Fruit* 54
25. Les produits laitiers / *Dairy products* 56
26. Aromates et épices / *Seasoning and spices* 58
27. Condiments, huile et vinaigre / *Condiments, oil and vinegar* 60
28. Les boissons sans alcool / *Soft drinks* 62
29. Les boissons alcoolisées / *Alcoholic drinks* 64
30. Le pain et les ingrédients pour desserts / *Bread and dessert ingredients* 66
31. Les principaux plats et entrées / *Main courses and starters* 68
32. Les principaux desserts / *The most common desserts* 70
33. Les beurres et les sauces / *Butters and sauces* 72
34. Les verbes culinaires (A → C) / *Cookery verbs (A → C)* 74
35. Les verbes culinaires (D → L) / *Cookery verbs (D → L)* 76
36. Les verbes culinaires (M → Z) / *Cookery verbs (M → Z)* 78

Le service

37. Les arts de la table : la vaisselle / *Crockery and tableware* 80
38. Couverts et décoration / *Cutlery and decoration* 82
39. Le cadre, les locaux, le mobiliers /
The setting, the premises, the furnishings 84
40. L'accueil de la clientèle et la prise de commande /
Welcoming the customer and taking orders 86
41. Addition et moyens de paiement / *Billing and means of payment* 88
42. L'organisation des repas et les menus / *Meals and menus* 90
43. Le petit-déjeuner et les manifestations particulières /
Breakfast and special occasions 92
44. Plaintes et réclamations / *Complaints* 94

L'hôtellerie

45. Le personnel / *Staff* 96

46. Les catégories d'hôtel et les différentes pièces / *Type of hotel and rooms* 98

47. La chambre et les sanitaires / *Room types and bathroom fittings* 100

48. Le mobilier et l'équipement / *Furniture and Fittings* 102

49. Le linge et le nettoyage / *Linen and cleaning* 104

50. Arrivée et bagages / *Arrival and luggage* 106

51. La facturation et l'argent / *Billing and money* 108

52. Santé et urgence / *Health and emergencies* 110

53. Résolution de problème / *problem solving* 112

54. Les services de l'hôtel et les séminaires / *Hotel services and seminars* 114

55. La ville et les environs / *Town and around the town* 116

56. Les sites touristiques / *Tourist attractions* 118

57. Les transports / *Transport* 120

58. La météo / *The weather* 122

59. Se repérer dans le temps / *Time* 124

60. Se repérer dans l'espace / *Finding the way around* 126

61. Poids, mesure et conversion / *Weights, measures, conversion* 128

CORRIGÉS DES EXERCICES 130

1 Le personnel et les catégories de restaurants
Staff and types of restaurant

Noms

le personnel .... *staff / employees / personnel*
le patron du restaurant ..... *restaurant manager*
le cuisinier .... *cook*
la brigade .... *brigade*
le chef / le « gros bonnet »/ chef de cuisine .... *head chef / head cook*
le chef-adjoint .... *assistant chef*
le sous-chef .... *sous-chef / under chef / deputy chef*
le chef de partie .... *first (line) cook / section head*
le demi-chef de partie ...... *second (line) cook*
le 1er commis .... *trainee chef / trainee commis chef*
le commis .... *commis / chef's assistant*
l'apprenti .... *apprentice*
le stagiaire .... *trainee*
le saucier .... *sauté chef / sauce chef*
le rôtisseur .... *roast chef*
le grillardin .... *grill cook*
le poissonnier .... *fish chef*
le garde-manger .... *larder chef*
l'entremétier .... *vegetable chef*
le pâtissier .... *pastry chef*
le tournant .... *floater*
le traiteur .... *caterer*
le serveur / la serveuse ..... *waiter / waitress*
le portier .... *doorman*
le maître d'hôtel .... *head waiter / maître d' hôtel*
le chef de rang .... *head waiter*
le sommelier .... *wine-waiter / wine-butler*
le barman .... *bartender / barman / barmaid*
le plongeur .... *dish washer*
le personnel d'entretien .... *cleaning staff*
le caissier .... *cashier*
le comptable .... *accountant*
une unité .... *unit*
une catégorie .... *type*
le restaurant gastronomique *gastronomic restaurant / gourmet restaurant*
la brasserie .... *brasserie*
l'auberge .... *inn*
le pub .... *pub*
le restaurant spécialisé ..... *ethnic restaurant*
la crêperie .... *pancake house*
le banquet .... *banquet*
les heures supplémentaires . *overtime*
à plein-temps .... *full-time*
à mi-temps .... *part-time*

Adjectifs

qualifié .... *skilled*
rapide .... *quick*
efficace .... *efficient*
occupé .... *busy*
poli .... *polite*
serviable .... *helpful*
en effectifs réduits .... *short-staffed*

Verbes

être responsable de .... *to be in charge of / responsible for*
encadrer une équipe .... *to train a team*
diriger les opérations .... *to oversee operations*
suppléer / remplacer .... *to replace*
mettre au point un plat ..... *to finalise a recipe / dish*
confectioner .... *to make / to prepare*
travailler sous l'autorité de. . *to work under the authority of*
exécuter .... *to carry out / to execute*
être de service .... *to be on call / duty*
travailler en équipes de roulement .... *to work in shifts*

Exercice 1 In the kitchen: Brigade organisation chart

Translate the organisation chart.

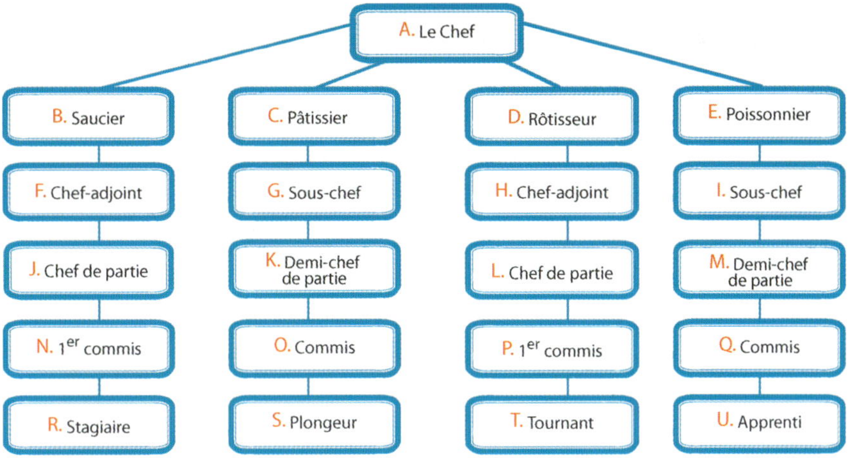

Exercice 2 In the restaurant: The staff

Combine an adjective and a noun.

Ex. The proficient person who helps you choose your wine → *A skilled wine waiter*

1. The kind and serviceable person who serves your drinks at the bar.
2. A person who rapidly takes your order and serves your meal.
3. The efficacious person who greets you at the door.
4. The person who you pay, who is learning the job.
5. Industrious and occupied people who make the restaurant clean.
6. The well-mannered person who manages the serving staff.
7. A restaurant which lacks an adequate number of staff.

Exercice 3 What do they do and where do they do it?

Put a verb (conjugated) into the gap and translate the word in italics.

1. The under-chef at the *crêperie* r_ _ _ _ _ _ _ the head chef if he is off sick.
2. Trainees have to c_ _ _ _ o _ _ any orders they are given at that *brasserie.*
3. The pastry chef p_ _ _ _ _ _ _ the sweet dishes in the *restaurant gastronomique.*
4. It is up to the head chef to t_ _ _ _ his team.
5. All the kitchen staff w_ _ _ i_ s_ _ _ _ _ - sometimes mornings, sometimes evenings.
6. He's a real artist – just look at him f_ _ _ _ _ _ _ _ _ that wedding cake.
7. The head chef i_ i_ c_ _ _ _ _ o_ all the brigade, and o_ _ _ _ _ _ _ all operations.
8. That waiter seems t_ b_ on duty every day at the *restaurant spécialisé.*

CORRIGÉS p. 130

2 La tenue professionnelle
Professional attire

Noms

la tenue professionnelle .... *professional attire*
les vêtements .... *clothes*
l'uniforme................. *uniform*
la toque.................. *chef's hat*
le calot .... *cap*
le tour de cou............. *chef's necktie*
le col .... *collar*
la cravate .... *tie*
le nœud papillon........... *bow tie*
la veste .... *chef's coat / jacket*
la manche................. *sleeve*
la chemise .... *shirt*
le bouton .... *button*
le pantalon................ *trousers*
la ceinture .... *belt*
la jupe................... *skirt*
les collants............... *tights*
les chaussures............. *shoes*
les chaussettes .... *socks*
les bottes .... *footwear*
les sabots................. *clogs*
le tablier .... *apron*
le badge (avec nom)........ *name tag*
le torchon................. *tea towel (uk) / dish towel (usa)*
la manique................ *potholder*
le gant.................... *oven mitt / glove*
le coton................... *cotton*
le cuir .... *leather*
la ouate.................. *cotton wool*
l'entretien................ *care*
le lavage .... *laundry*
le repassage.............. *ironing*
l'amidonnage.............. *starching*
une tâche .... *stain*
une salissure .... *(dirty) mark*

Adjectifs

noir .... *black*
blanc .... *white*
bien taillé .... *well-tailored*
confortable................ *comfortable*
ample .... *loose-fitting*
propre .... *clean*
sale .... *dirty*
tâché .... *stained*
résistant .... *tough*
ignifugé .... *fireproof*
isothermique .... *isothermal*
inflammable .... *inflammable*
hydrophile .... *absorbent*
antidérapant .... *non-slip*
jetable .... *disposable*
à double boutonnage....... *double-breasted*
à rabats................... *with flap*
à motif pied-de-poule....... *hounds tooth*
avec revers / sans revers.... *with / without turn-up*

Verbes

porter (vêtement) .... *to wear*
attacher ses cheveux .... *to tie one's hair back*
boutonner .... *to button up*
déboutonner .... *to unbutton*
protéger de .... *to protect from*
lacer ses chaussures .... *to tie (up) shoelaces*
nouer autour du cou........ *to tie around the neck*

Exercice 1 Professional attire

Put the right word in the box.

Exercice 2 Describing the uniform in more detail

Choose the right answer.

1. The chef's coat has long *sleeves / socks* and 4 *buttons / belts*
2. The chef's coat is usually plain *white / black* and is worn with *hounds tooth / houndseye* trousers.
3. Women sometimes wear a *skirt / shirt* and *socks / tights* instead of trousers.
4. Be careful not to burn your hands. Use a *holderpot / potholder* for saucepans and an *four mitt / oven mitt* to take out hot dishes when cooked.
5. Cook's shoes are usually made of sturdy *leather / viscose* and their coats are made of clean white *cotton wool / cotton*, polyester or viscose.
6. It is important to wear *comfortable / uncomfortable* clothing that is *waterproof / fireproof.*
7. Uniforms go to the *washhouse / laundry* every day where they are *ironed / ferred* and *hardened / starched* to look smart.
8. *Stains / strains* and dirty *marks / brands* have to be removed so they are spotless.

Exercice 3 Clothing rules for the kitchen

Fill the gap with one of the following words.

Disposable – non-slip – double-breasted – tie back – wear – tie (up) – buttoned up

KITCHEN RULES AND REGULATIONS

1. Staff must _ _ _ _ _ _ _ _ _ _ _ uniform all the time in the kitchen.
2. Shoes are to be resistant and have _ _ _ _ _ _ _ _ _ _ _ soles.
3. Don't forget to _ _ _ _ _ _ _ _ _ _ _ your shoe laces so you don't trip.
4. Anyone with hair below their ears must _ _ _ _ _ _ _ _ _ _ their hair.
5. All chef coats are to be _ _ _ _ _ _ _ _ _ _ _, and buttons must be _ _ _ _ _ _ _ _ _ _
6. _ _ _ _ _ _ _ _ _ _ _ chef's hats are not allowed on the premises.

CORRIGÉS p. 130

3 Le local cuisine
The kitchen

Noms

le local cuisine .... *kitchen*
les meubles .... *furniture (inv.)*
la zone cuisson .... *the cooking area*
la cuisine chaude .... *cooking line*
le garde-manger /
la cuisine froide .... *larder*
l'économat .... *dry store*
l'économe .... *storekeeper*
la légumerie .... *vegetable processing area*
le laboratoire de pâtisserie .. *cake and pastry laboratory*
le bureau du chef .... *chef's office*
le vestiaire .... *locker room / changing room*
le local poubelle .... *dustbin area / dustbin premises*
la plonge .... *washing up area*
l'évier .... *sink*
le robinet .... *tap (UK) / faucet (US)*
le lave-vaisselle .... *dish-washer*
le lave-main .... *wash-basin*
le poste cuisson .... *cooking station*
la plaque électrique .... *electric hob*
la plaque à induction .... *induction hob*
le gaz .... *gas*
les feux nus .... *open burners*
la plaque coup de feu .... *solid top hobs*
la cuisinière à gaz .... *gas cooker*
la flamme .... *flame*
le four .... *oven*
la grille du four .... *oven rack*
le four à micro-ondes .... *micro-wave oven*
la salamandre .... *stove*
la friteuse .... *chip pan (UK) / deep-fat fryer (US)*
le fourneau .... *stove / cooking line*
la rôtissoire .... *roasting spit*
la hotte .... *extractor-hood*
le bain-marie .... *bain-marie*
la sauteuse basculante ..... *tilting bratt pan*
le placard .... *cupboard*
l'étagère .... *shelf (pl. shelves)*
le tiroir .... *drawer*
le plan de travail .... *work surface / work-top*
la zone de distribution ...... *pick up area / serving counter*
le passe-plat .... *hatch*
les tiroirs réfrigérants .... *cooling drawer / drawer fridge*
la cellule de refroidissement *cooling unit*
la chambre froide .... *cold store*
l'armoire réfrigérée .... *refrigerated cabinet*
la sorbetière .... *ice-cream maker*
le batteur-mélangeur .... *blender*
le mixeur .... *mixer*
la table marbre réfrigérée ... *refrigerated marble slab*
la table neutre .... *neutral support*
le réfrigérateur .... *refrigerator / fridge*
le congélateur .... *freezer*
le freezer .... *ice maker*

Adjectifs

très chaud (four) .... *very hot (oven)*
moyen (four) .... *moderate (oven)*
doux (four) .... *low (oven)*
frais .... *cool*
sec .... *dry*

Verbes

ranger .... *to put away*
congeler / décongeler ...... *to freeze / to defrost*
allumer (le gaz) .... *to switch on / to turn on*
éteindre (le gaz) .... *to switch off / to turn off*
frire .... *to fry*
cuire à feu doux .... *to cook on low heat*
Les plaques sont chaudes ... *The rings are hot.*

Exercice 1 A typical restaurant kitchen

Put a word instead of the description.

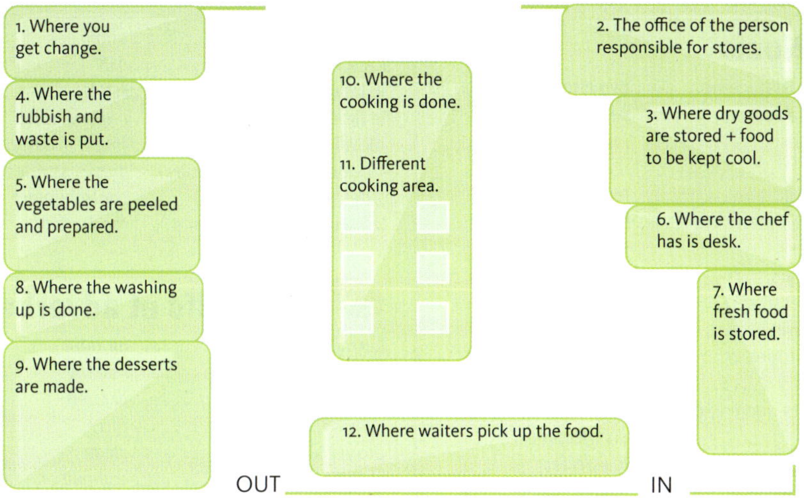

Exercice 2 The odd-man out

Choose the odd-man out.

1. sink / tap / dustbin / dishwasher
2. work top / cupboard / shelf / drawer
3. hob / micro-wave / extractor hood / oven
4. hatch / refrigerated cabinet / cooling drawer / freezer
5. blender / flame / mixer / ice cream maker
6. very hot / dry / moderate / low

Exercice 3 What is the chef doing?

Match the chef's thoughts on the left to what he is doing on the right.

1. "I'll just sear this steak in the frying pan." •	• a. He's switching off the gas.
2. "Oh dear, I didn't take this salmon out of the freezer early enough." •	• b. He's cooking on a low heat.
3. "Before leaving the kitchen at night, I must turn this off for safety reasons." •	• c. He's defrosting the fish.
4. "This sauce needs to be cooked nice and slowly" •	• d. He's putting the glasses away.
5. "I must be sure everything is ready. Yes, when I touch the hob I burn my fingers!" •	• e. He's frying the meat.
6. "When will the trainee learn to put the glassware back into the cupboard?!" •	• f. He's making sure the rings are hot.

CORRIGÉS p. 131

4 Les normes d'hygiène
Hygiene standards

Noms

les normes d'hygiène .... *hygiene standards*
la sectorisation .... *segmentation*
la consigne .... *instructions / regulations*
la réglementation .... *legislation*
la qualité sanitaire .... *sanitary quality / health quality*
les variations de température .... *temperature changes*
le circuit sale .... *dirty circuit*
le circuit propre .... *clean circuit*
l'entretien .... *maintenance*
les produits bactéricides .... *bactericides / disinfectant*
les produits fongicides ..... *fungicides*
La maintenance des installations .... *maintenance of facilities*
la ventilation .... *ventilation*
la visite médicale .... *a medical / a physical*
le masque .... *food hygiene mask / food safety mask*
les gants .... *gloves*
la charlotte .... *mob cap*
la contamination .... *infection*
le conditionnement .... *packaging*
l'emballage .... *packaging*
l'estampille sanitaire .... *health stamp*
l'étiquette .... *label*
la chaîne du froid .... *cold chain*
la date limite de consommation (DLC) ... *use by date*
la date limite d'utilisation optimale (DLUO) .... *best before date*
la provenance .... *origin*
l'AOC .... *AOC*
le label rouge .... *red label*
le label régional .... *regional label*
ARMC (analyse des pour la maîtrise risques des points critiques) .... *HACCP (hazard analysis critical control point)*
la salubrité des aliments .... *food safety*

Adjectifs et adverbes

hermétique .... *air tight*
sain .... *healthy*
périmé .... *expired*
sale .... *dirty*
propre .... *clean*
obligatoire .... *compulsory*
facultatif .... *optional*
quotidien .... *daily*
régulièrement .... *regularly*
souvent .... *often*

Verbes

conserver .... *to preserve*
stocker .... *to store*
vérifier .... *to check*
contrôler .... *to control*
garantir la qualité .... *to ensure quality*
contaminer les denrées ..... *to contaminate food stuffs*
porter un masque .... *to wear a mask*
se protéger les cheveux ..... *to protect hair*
changer de tenue .... *to change outfits*

Exercice 1 Welcome to our kitchen

Change the French word into English.

"Welcome to our staff. Here are a few **(1)** *consignes* about **(2)** *les normes d'hygiène* that we have here. Firstly, please respect the **(3)** *circuit sale et circuit propre*, according to **(4)** *la réglementation* in force. For personal hygiene, a compulsory annual **(5)** *visite médicale* is required, and you have to wear **(6)** *les gants* when handling food to prevent **(7)** *la contamination*.
To maintain the cleanliness of the kitchen, we use **(8)** *les produits bactéricides* and **(9)** *les produits fongicides* on a daily basis.
Please pay close attention to what is marked on the **(10)** *emballage*, such as the **(11)** *DLC* and the **(12)** *DLUO*, usually marked on the **(13)** *étiquette*. That way you make sure the products are not **(14)** *périmés*.
Of course, the **(15)** *label rouge*, the **(16)** *label régional*, and the AOC are important so you can check the **(17)** *provenance* of the products you will be using.
We do hope that you will enjoy working in our team, and that you will respect the **(18)** *salubrité des aliments* regulations."

Exercice 2 A health and safety audit

Connect the thought to what is said.

1. Her hair doesn't look very clean!
2. That apron and chef coat looks stained!
3. Someone needs to make sure all the EHS recommendation have been implemented.
4. They don't seem to know anything about anything in this kitchen!
5. She shouldn't touch dirty dishes and then food.
6. He looks like he's got a cold.
7. That milk should be stored in the fridge.
8. Hmm – there doesn't seem to be any soap.
9. What's all that food sitting on the shelf?

NB: EHS = Environment, health and safety. / Implement = mettre en œuvre

A. Maybe you should wear a food safety mask.
B. I think it's time you took a training course (underwent some training / were trained).
C. Could you protect your hair with a mob cap please?
D. Please preserve food in airtight containers.
E. Please check that you meet all hygiene standards
F. Hands should be washed regularly to prevent spreading germs.
G. You must avoid contaminating foodstuffs at all costs.
H. Please store the food in appropriate storage areas to ensure quality and freshness.
I. Would you mind changing your outfit?

CORRIGÉS p. 131

5 Les normes de sécurité et les premiers secours
Safety standards and first aid

Noms

les normes de sécurité...... *safety standards*
un accident................ *accident*
un risque.................. *risk*
un incendie / le feu......... *fire*
les produits inflammables... *flammable substances*
les causes (de l'incendie) ... *cause (of the fire)*
le gaz..................... *gas*
le butane.................. *Butane*
l'air vicié.................. *fouled air*
l'isolation................. *insulation*
la ventilation .... *ventilation*
l'électricité................ *electricity*
les installations électriques .... *electrical installations*
un extincteur .... *fire extinguisher*
la pompe à incendie........ *fire-pump*
un détecteur de fumée...... *smoke detector*
l'alarme .... *alarm*
l'interdiction de fumer...... *smoking ban*
la prévention .... *prevention*
la formation .... *training*
les gants de sécurité .... *safety gloves*
les chaussures de sécurité .. *safety footwear*
une incapacité de travail .... *incapacity for work*
l'évacuation .... *evacuation*
les secours................ *rescue / aid*
les pompiers .... *firemen / firefighters*
les urgences............... *emergencies*
les premiers secours .... *first aid*
une coupure............... *cut*
le sparadrap............... *sticking plaster / band-aid*
le pansement.............. *dressing / bandage*
le désinfectant............. *antiseptic*
le coton hydrophile......... *cotton wool*
l'ambulance .... *ambulance*

Adjectifs

conforme .... *complying with*
dévastateur .... *devastating*
ignifugé .... *fire retardant*
obligatoire .... *compulsory*
interdit .... *forbidden*
homologué .... *approved*
sûr / en sécurité .... *safe*
où il est interdit de fumer ... *smokefree*

Verbes

être conforme à............ *to comply with*
prendre des précautions .... *to take precautions*
respecter les consignes..... *to observe the rules*
vérifier l'état............... *to check the condition*
prévenir un risque.......... *to prevent a risk*
réduire les risques .... *to reduce the risks*
contrôler les installations ... *to control equipment*
renouveler l'air .... *to renew the air*
circonscrire l'incendie ...... *to contain the fire*
limiter l'action du feu....... *to limit the spread of the fire*

Exercice 1 Please comply with the regulations.

Complete the safety instructions.

1. The kitchen is a ___________ area. Cigarette smoking is not allowed.
2. Wear ___________, which are cut resistant, when cutting meat.
3. Protect your feet by wearing ___________ with non-slip soles.
4. ___________ or flame resistant clothing is to be worn at all times.
5. Install ___________ on the ceiling to detect fire.
6. Check the condition of the ___________ once a year to be able to put out a fire if needed.
7. Control the ___________ equipment once a week to prevent fouled air.
8. Keep ___________ in approved containers or cupboards with suitable insulation.
9. Turn off the ___________ (town or Butane) at the end of every working day.
10. If the fire ___________ goes off – Keep calm and walk to the nearest exit. Remember: "___________ is better than cure".

Exercice 2 A fire in the kitchen

Unscramble the words in capital letters.

"Hi Jane, how are you?"

"I'm fine now – but you can never imagine what happened yesterday!"

"Tell me all!"

"You know we are REDDOINBF to smoke at work? Well, the new apprentice didn't respect the MIKGNOS ANB and didn't stub out his cigarette completely."

"You mean he didn't SEBEVRO the rules?"

"No, so the LMARA rang, and we had to AVAUETCE the kitchen while the chef tried to use the IERF UPMP to put out the fire. The ERNEMIF came to our CEEUSR very quickly (they are used to dealing with EECNGSEIREM). They managed to ONTICAN and to MITIL EHT ESDARP of the fire, and made sure everyone was FAES. In fact, it was all over in under a quarter of an hour, but I was terrified I must say, and the damage was ESAATVGNITD!"

"What a day you had! So the ASUEC of the fire was clear! Did he lose his job?"

Exercice 3 First aid training

Choose the right answer.

1. What do you do for a *coup* / *cut* / *cutter* on a finger or thumb?
2. Just put on a sticking *drape* / *aid* / *plaster*. You don't need to call an ambulance.
3. If it *bleeds* / *bloods* / *blooded* a lot, shouldn't we *name* / *call* / *hire* a doctor?
4. No, if it doesn't look too bad, clean it with antiseptic and *cotton* / *cotton wool* / *coton*, and put on a *costume* / *stuffing* / *dressing*.

CORRIGÉS p. 132

6 Les achats et le stockage
Purchasing and storage

Noms

les achats .... *purchases*
le stockage .... *storage*
la gestion des stocks .... *stock management*
la zone de stockage .... *storage area*
les produits frais .... *fresh products*
les produits laitiers .... *dairy products*
les fruits et légumes .... *fruit and vegetables*
le pain et la boulangerie .... *bread and bakery items*
la viande .... *meat*
le poisson .... *fish*
la charcuterie .... *cooked pork meats*
les surgelés .... *frozen food*
l'épicerie .... *groceries*
les denrées alimentaires .... *foodstuffs*
la marchandise .... *goods*
un grossiste .... *wholesaler*
la vente en gros .... *wholesale*
la vente au détail .... *retail*
le cash and carry .... *cash-and-carry*
le système de distribution ... *distribution system*
la gamme de produits ...... *product range*
le conditionnement .... *packaging*
le carton .... *box*
la garantie .... *guarantee*
le service après-vente ...... *after-sales service*
le gérant .... *manager*
le fournisseur .... *supplier*
la concurrence .... *competition*
le vendeur .... *seller*
le cahier des charges .... *specifications*
l'économat .... *dry store*
le contrôle .... *control*
la conservation des aliments *food preservation*
la livraison .... *delivery*
un bon de sortie .... *goods issue document*
une feuille de marché .... *market sheet*
l'inventaire .... *inventory*

Adjectifs

sec .... *dry*
à l'abri de la lumière .... *away from light*
à température ambiante .... *at room temperature*
frais (endroit) .... *cool*
frais (produit) .... *fresh*
surgelé .... *frozen*
avarié .... *spoiled*
sain .... *healthy*
en rupture de stock .... *out of stock*
cher .... *expensive*
bon marché .... *cheap*

Verbes

élaborer les menus .... *to put together menus*
contrôler la qualité .... *to monitor the quality*
stocker les denrées .... *to store foodstuffs*
passer une commande ...... *to order*
gérer les achats .... *to manage purchases*

Exercice 1 Stock management

Fill in the table to find the hidden word.

1							f	-	-	-								
2				f	-	-	-	-	-	-	-	-	s					
3		c	-	-	-	-	-	p	-	-	-	m	-	-	-			
4			f	-	-	-	-	p	-	-	-	-	-	-	-			
5					s	-	-	-	-	-	-							
6	f	_	_	_	_	&	v	-	-	-	-	-	-	-	-	-		
7					g	-	-	-	-	-	-	-	-					
8		b	-	-	-	-	&	b	-	-	-	-	-	i	-	-	-	-
9						d	-	-	-	-	p	-	-	-	-	-	-	-
10					f	-	-	-	-	-	f	-	-	-				
11							m	-	-	-								

1. Food which comes from the sea, lakes or rivers.
2. Anything which can be eaten as food.
3. The English word for "charcuterie".
4. Food which has not been preserved by canning, freezing, etc.
5. The act of storing goods.
6. Apples, pears, spinach, carrots, tomatoes...
7. Staple produce (which can be bought from a grocer's store)
8. Items cooked by dry heat such as cakes, rolls, buns, etc.
9. Food containing or made from milk.
10. Food which is stored in a freezer.
11. Animal flesh for food.

Hidden word: Where the food is stored

Exercice 2 Food purchases and preservation

Translate the following sentences.

1. Le prix est meilleur marché si vous achetez la marchandise en gros et pas au détail. Vérifiez la concurrence.
2. Demandez des informations concernant le service après-vente et la garantie.
3. Certains fournisseurs ont une gamme de produits plus large et un conditionnement plus écologique.
4. Soyez certain que le vendeur respecte votre cahier des charges.
5. Gérez votre inventaire, commandez d'autres marchandises avant d'être en rupture de stock.
6. Stockez les légumes frais à température fraîche, et le vin rouge à température ambiante.

CORRIGÉS p. 132

7 La coutellerie
Knives

Noms

un ustensile . . . . *kitchen utensil*
la coutellerie . . . . *knives*
le couteau. . . . . *knife*
la lame . . . . *blade*
le manche. . . . . *handle*
l'acier . . . . *steel*
l'inox . . . . *stainless steel*
l'argent . . . . *silver*
le bois . . . . *wood*
le coutelier. . . . . *cutler*
l'affilage . . . . *sharpening*
l'aiguisage . . . . *grinding*
le polissage . . . . *polishing*
le fusil (pour aiguiser) . . . . . . *knife sharpener*
la pierre à aiguiser . . . . *grindstone*
l'office. *paring knife*
le filet de sole . . . . *fish filleting knife*
le chef . . . . *chef's knife*
le couteau à abattre / le boucher . . . . *butcher knife / butcher's knife*
le couteau à jambon. . . . . *ham carving knife*
le couteau à poisson . . . . *fish knife*
le couperet. . . . . *cleaver*
le couteau à désosser . . . . . . *boning knife*
le couteau à dénerver. . . . . . . *trimming knife*
la feuille à fendre . . . . *cleaver*
le couteau à huîtres . . . . *oyster knife / opener*
le couteau à pamplemousse . . . . *grapefruit knife*
l'écailleur . . . . *scale knife*
le coquilleur à beurre. . . . . . . *butter curler*
le canneleur . . . . *grooving knife*
l'économe. . . . . *peeler*
le zesteur . . . . *zester*
le vide-pomme. . . . . *apple corer*
le couteau à génoise . . . . *serrated knife*
la roulette à pizza . . . . *pizza cutter*
le couteau à pain. . . . . *bread knife*
la guillotine à pain . . . . *bread cutter*
les ciseaux de cuisine . . . . . . *kitchen scissors*
les ciseaux à herbes. . . . . *herb scissors*
les ciseaux à volaille. . . . . *poultry shears*

Verbes

ouvrir les huîtres. . . . . *to open the oysters*
prélever le zeste . . . . *to grate off zest*
peler / éplucher . . . . *to peel*
désosser . . . . *to debone*
concasser . . . . *to crush*
parer (une viande) . . . . *to pare (meat)*
détailler. . . . . *to cut into slices / cubes*
trancher . . . . *to slice*
hacher . . . . *to chop*
émincer . . . . *to mince*
ciseler . . . . *to chop finely*
lever les poissons. . . . . *to fillet fish*
tourner (les légumes). . . . . . . *to shape / to turn (vegetables)*
couper . . . . *to cut*
aiguiser . . . . *to sharpen*
nettoyer . . . . *to clean*
ranger . . . . *to tidy*
entretenir . . . . *to maintain (machines) / to look after*

Exercice 1 Which knife does what?

Match the knife and detail to a verb.

debone – slice – chop finely – peel – cut – mince – crush – pare – fillet – shape – turn – chop – cut into slices or cubes

1. Paring knife: a 9cm blade for fruit and vegetables. ________ + ________
2. Fish filleting knife: a flexible 17cm blade for fish etc. ________ + ________
3. Chef's knife: a 23 or 25cm blade for the chef. ________ + ________ + ________
4. Butcher knife: a 25cm blade to prepare raw meat. ________ + ________
5. Cleaver: a thick square blade for bones. ________
6. Boning knife: a 12cm pointed blade for meat. ________
7. Grooving knife: used to decorate fruit and vegetables. ________
8. All knives do this if they are sharp enough. ________

Exercice 2 Help! Which utensil do I need?

Find the utensil you need.

1. I need to sharpen my knives. _ _ _ _ _ _ _ _ _ _ _
2. I need to take the cores out of the apples. _ _ _ _ _ _ _ _ _ _ _
3. I need to cut the pizza. _ _ _ _ _ _ _ _ _ _ _
4. I need to cut up the herbs. _ _ _ _ _ _ _ _ _ _ _
5. I have to take the flesh out of a grapefruit. _ _ _ _ _ _ _ _ _ _ _
6. I've been told to open the oysters. _ _ _ _ _ _ _ _ _ _ _
7. The butter has to be decorative. _ _ _ _ _ _ _ _ _ _ _
8. Finally, I have to grate the zest off the lemons. _ _ _ _ _ _ _ _ _ _ _

Exercice 3 Looking after the cutlery

Fill in the gaps in the sentences.

1. The knives are made of st________ st________ but the forks and spoons are made of si________.
2. So the cu________ has to be po________ once a week.
3. The ha________ of the kitchen knife is made of wo________, but it still has to be kept cl________.
4. We have to ti________ the cutlery away every day.

CORRIGÉS p. 132

8 Les ustensiles et les plats
Utensils and dishes

Noms

les ustensiles. . . . . *utensils*
la fourchette (grande) . . . . . . *big fork*
la fourchette (petite) . . . . *small fork*
la cuiller à café
(toute petite) . . . . *coffee spoon*
la cuiller à thé (standard) . . . *tea spoon*
la cuiller à soupe. . . . . *soup spoon*
la cuiller de service
(et fourchette) . . . . *table / serving spoon (and fork)*
les couverts . . . . *cutlery*
la cuiller en bois . . . . *wooden spoon*
la cuiller à glace . . . . *ice cream scoop*
la louche. . . . . *ladle*
l'écumoire. . . . . *slotted spoon*
la spatule . . . . *spatula*
la marise. . . . . *plastic scraper*
le pinceau. . . . . *brush*
le fouet . . . . *whisk*
la pelle à poisson . . . . *fish slice*
le presse-purée . . . . *masher*
le presse ail . . . . *garlic press*
le presse citron . . . . *lemon squeezer*
le casse-noix . . . . *nut cracker*
le dénoyauteur . . . . *stoner*
le vide-pomme. . . . . *apple-corer*
le mortier . . . . *mortar*
le pilon . . . . *pestle*
l'ouvre-boîte . . . . *can opener*
l'ouvre-bouteille . . . . *bottle opener*
le tire-bouchon . . . . *corkscrew*
l'entonnoir . . . . *funnel*
la douille. . . . . *nozzle*
la poche à douille . . . . *piping bag*
le rouleau à pâtisserie . . . . . . *rolling pin*
l'emporte-pièce. . . . . *pastry cutter*
la poire à jus . . . . *baster*
la balance. . . . . *scales*
le verre gradué. . . . . *measuring glass / jug*
le thermomètre . . . . *thermometer*
le chalumeau . . . . *blow torch*
les maniques . . . . *oven gloves*
l'égouttoir. . . . . *colander*
la passoire . . . . *strainer*
le chinois . . . . *conical strainer*
le tamis. . . . . *sieve*
la râpe. *grater*
le moulin à légumes. . . . . *vegetable mill*
le cul de poule. . . . . *mixing bowl*
le saladier. . . . . *salad bowl*
l'attendrisseur. . . . . *meat tenderizer*
la planche à découper . . . . . . *chopping board*
la planche à patisserie. . . . . . *pastry board*
le plat . . . . *dish*
le moule . . . . *mould*
le moule à tarte. . . . . *pie plate*
le moule à tartelette. . . . . *tartlet tin*
le moule à charlotte . . . . *charlotte mould*
le moule à brioche . . . . *brioche tin*
le moule à cake . . . . *cake tin*
le moule à gaufres . . . . *waffle-iron*
le moule à soufflé . . . . *soufflé dish*
le plat à gratin . . . . *gratin dish*
le plat à lasagnes . . . . *lasagna pan*
la tourtière . . . . *pie tin*
le couscoussier . . . . *couscous maker*
la plaque à gâteaux . . . . *baking tray*

Exercice 1 Laying the table

Name the utensil.

When in doubt, always lay the table so that the customer can take the cutlery from the outside towards the inside.

Exercice 2 Kitchen utensils – What do I need to...?

Find the right utensil for the need.

1. ... open a wine bottle.
2. ... serve some ice cream in nice scoops.
3. ... weigh the ingredients for this recipe.
4. ...check the temperature.
5. ... make sure I don't burn my hands taking things out of the oven.
6. ... roll out the pastry for the apple tart.
7. ... serve the broccoli and cheese soup.
8. ... make mashed potato.
9. ... take the shells off these nuts.
10. ... crush some garlic to put in the sauce.

Exercice 3 Time to get cooking

Choose the right answer.

1. I have to make a strawberry Charlotte for tonight.
a) Charlotte mould b) Charlotte tin c) Charlotte dish

2. As well as a chocolate birthday cake.
a) Cake mould b) Cake tin c) Cake dish

3. For the main course, they want a vegetable gratin.
a) Gratin mould b) Gratin tin c) Gratin dish

4. I'll need a flat metal pan for baking the bread rolls.
a) Baking plate b) Baking tray c) Baking plaque

5. The customer also said they wanted waffles for breakfast.
a) Waffle-iron b) Waffle-fer c) Waffle mould

CORRIGÉS p. 133

9 La batterie de cuisine et les matériaux
Cookware and material

Noms

la batterie de cuisine .... *pots and pans / cookware*
la casserole .... *saucepan*
la casserole en cuivre....... *copper saucepan*
la queue / le manche de la casserole........... *handle*
le couvercle .... *lid*
la marmite .... *pot*
le fait-tout................. *stewpot*
la cocotte .... *casserole dish / pot*
la cocotte-minute .... *pressure-cooker*
la cocotte en fonte .... *dutch oven / French oven*
la braisière................ *braising pan*
la sauteuse................. *deep frying pan*
la poêle.................... *frying pan*
le poêlon................... *skillet*
la poêle à poisson.......... *fish pan*
le wok .... *wok*
la grille .... *rack*
la turbotière................ *fish kettle*
la friteuse.................. *chip pan (UK) / deep-fat fryer (US)*
le râtelier .... *pot rack*
le robot ménager............ *food processor*
l'éplucheuse .... *potato-peeler*
l'essoreuse................. *salad spinner*
le coupe-légumes .... *vegetable-cutter*
le hachoir à viande .... *mincer / grinder*
le trancheur à jambon ...... *meat slicer*
le batteur-mélangeur .... *blender*
le laminoir .... *rolling mill / pasta machine/maker*
la planche à découper ...... *chopping board*
les matériaux.............. *material*
l'acier inoxydable .... *stainless steel*
l'aluminium .... *aluminium (GB) / aluminum (US)*
l'argent.................... *silver*
le bois..................... *wood*
le cuivre rouge............. *copper*
le cuivre jaune............. *brass*
l'émail..................... *enamel*
l'étain .... *pewter*
le fer .... *iron*
la fonte .... *cast-iron*
le métal.................... *metal*
l'or .... *gold*
le plastique .... *plastic*
la porcelaine .... *china*
la silicone................. *silicon*
la terre cuite.............. *earthenware*
le verre .... *glass*
le film plastique .... *shrink wrap*
le papier aluminium .... *aluminium foil*
le papier sulfurisé.......... *greaseproof paper*

Adjectifs

haut .... *high*
rectangulaire .... *rectangular*
rond .... *round*
qui va au four .... *ovenproof*
anti-adhésif .... *non-stick*
émaillé .... *enamelled*
en bois .... *wooden*

Exercice 1 What would you use for...?

Find the right utensil / appliance.

1. ... cooking chips so they are nice and crispy.
2. ... slicing meat into thin slices.
3. ... holding the pan without burning your fingers.
4. ... chopping, mixing, or puréeing food.
5. ... taking the skin off potatoes.
6. ... chopping up food (mostly meat) into very small pieces.
7. ... covering a pan so the moisture stays in.
8. ... drying salad.
9. ... liquefying food to make soup, desserts, beat egg whites, etc.
10. ... making ravioli, spaghetti, etc.

Exercice 2 This pan or that pan?

Choose the right answer.

1. Put the meat in the *frying pan* / *stewpot* and leave to cook for 4 hours.
2. Put the potatoes on the bottom *rack* / *wok* and the meat on the top *rack/wok*.
3. Put the whole fish into the *fish maker* / *fish kettle* and steam for 20 minutes.
4. Use a *skillet* / *handle* for just about any cooking task from baking to stir-frying.
5. Cook really anything you like in a *Dutch* / *German* oven.
6. Cook with a *pressure* / *minute* cooker for speed and a greater taste.
7. Use a *deep* / *shallow* frying pan if you are worried about spatters all over the kitchen.
8. Put all your pans on the *pot line* / *pot rack* at the end of the day.

Exercice 3 Cookware shopping list

Translate the sentence.

1. Les couverts en argent ou en or iront bien avec la porcelaine.
2. Une jolie batterie de cuisine en cuivre avec une cocotte en fonte.
3. Des poêles en aluminium avec une surface anti-adhésive.
4. Une cocotte en terre cuite qui va au four.
5. Une casserole en acier inoxydable avec un couvercle en verre.
6. Souvenez-vous, l'étain devrait être utilisé pour le service, mais pas pour la cuisine.
7. Une planche à découper rectangulaire en bois ou en silicone.
8. Un paquet de chaque : film plastique, papier aluminium et papier sulfurisé.

CORRIGÉS p. 133

10 Les poissons : généralités
Fish: general

Noms

le poisson................. *fish*
le poisson de mer.......... *sea fish*
le poisson d'eau douce..... *freshwater fish*
les crustacés.............. *shellfish*
les mollusques............. *shellfish (mollusks)*
les fruits de mer.......... *sea food*
le coquillage.............. *shellfish*
les algues................. *seaweed*
le poisson gras............ *fatty fish*
le poisson maigre.......... *lean fish*
le filet................... *fillet*
la darne................... *steak*
le court-bouillon.......... *court-bouillon*
le sushi................... *sushi*
la coquille / carapace..... *shell*
l'écaille.................. *scale*
la peau.................... *skin*
la pince................... *claw*
la nageoire................ *fin*
l'antenne.................. *feeler*
l'arête.................... *fishbone*
l'arête dorsale............ *back bone*
la chair................... *flesh*
la laitance................ *soft roe*
l'œuf de poisson........... *roe*
la queue................... *tail*
la tête.................... *head*
les yeux................... *eyes*
la bouche.................. *mouth*
les ouïes / les branchies.... *gills*

Adjectifs

cru........................ *raw*
cuit....................... *cooked*
frais...................... *fresh*
séché...................... *dried*
surgelé.................... *frozen*
décortiqué................. *peeled*
entier..................... *whole*
en darnes.................. *in steaks*
en filets.................. *in fillets / filleted*
préparé.................... *cleaned*
mariné..................... *marinated*
fumé....................... *smoked*

Verbes

pêcher..................... *to fish*
laver...................... *to wash*
rincer..................... *to rinse*
écailler................... *to scale*
brosser.................... *to brush*
vider...................... *to clean out*
ébarber.................... *to trim*
nettoyer / habiller........ *to clean*
retirer les arêtes......... *to bone*
ôter la peau............... *to skin*
découper................... *to cut*
découper en filets......... *to fillet*
décortiquer................ *to shell*
fariner.................... *to flour*
paner...................... *to coat with breadcrumbs*
fumer...................... *to smoke*
pocher..................... *to poach*
frire...................... *to fry*
griller.................... *to grill*
cuire à la vapeur.......... *to steam*

Exercice 1 All kinds of fish

Choose the right answer.

1. Fish which comes from rivers or lakes.
a) freshwater fish b) riverwater fish c) lakeside fish

2. The kind of fish which has a hard outer covering.
a) scale fish b) shellfish c) scallop fish

3. Algae which grows in the sea.
a) sea grass b) seaweed c) sealeaves

4. Fish which comes from the sea.
a) sea fish b) salt fish c) salty fish

5. Fish which contains a lot of fat.
a) fat fish b) fatty fish c) fatlike fish

6. Fish which does not contain a lot of fat.
a) skinny fish b) clean fish c) lean fish

Exercice 2 Parts and cuts of fish

Label the diagram.

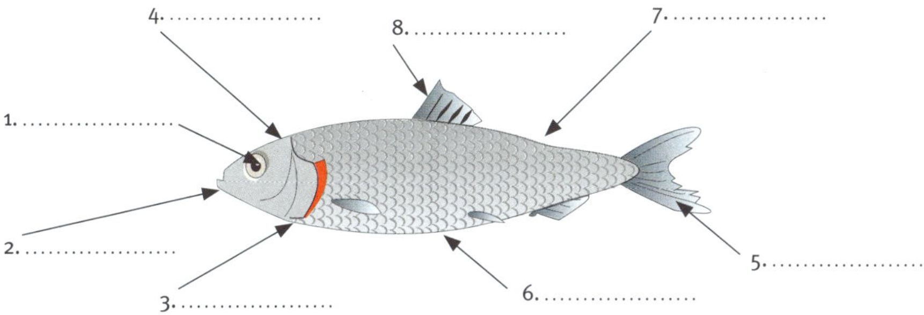

Exercice 3 Enjoy your meal!

Put in the missing word.

1. Fish is w_ _ _ _ _, s_ _ _ _ _, c_ _ _ _ _ o_ _ _ _ _ and t_ _ _ _ _ before cooking.
2. Skin and bones are also often removed – this is to s_ _ _ _ _ and to b_ _ _ _ _.
3. R_ _ _ _ _ fish which is uncooked is often m_ _ _ _ _ to add flavor and moisture.
4. Fish fillets are sometimes coated with b_ _ _ _ _ .
5. A crab needs to be s_ _ _ _ _ whereas a prawn needs to be p_ _ _ _ _.
6. Help! I've got a f_ _ _ _ _ _ _ _ _ _ stuck in my throat!

CORRIGÉS p. 134

11 Les poissons et crustacés (A → K)
Fish and shellfish (A → K)

Noms

l'aiglefin / l'églefin . . . . *haddock*
l'alose . . . . *shad*
l'anchois . . . . *anchovy*
l'anguille . . . . *eel*
l'araignée de mer . . . . *spider crab*
le bar . . . . *bass*
le barbeau . . . . *barbel*
la barbue . . . . *brill*
la baudroie . . . . *angler*
le bélouga . . . . *beluga*
le bigorneau . . . . *winkle*
la blanchaille . . . . *whitebait*
la bonite . . . . *bonito*
la brème . . . . *bream*
le brochet . . . . *pike*
le bulot . . . . *whelk*
le cabillaud . . . . *cod*
le calamar . . . . *squid / inkfish*
la carpe . . . . *carp*
le carrelet . . . . *plaice*
le caviar . . . . *caviar*
le chabot . . . . *sea scorpion*
le chien de mer . . . . *dogfish*
la civelle . . . . *tiny eels*
le colin . . . . *hake*
le congre . . . . *conger eel*
les coques . . . . *cockles*
les coquilles Saint-Jacques . . *scallops*
le couteau . . . . *razor-shell*
le coryphène . . . . *mahi-mahi*
le crabe . . . . *crab*
la crevette grise . . . . *shrimp*
la crevette rose . . . . *prawn*
la dorade / la daurade . . . . . . *sea bream / gilt-head*
l'écrevisse . . . . *freshwater crayfish*
l'encornet . . . . *squid*
l'éperlan . . . . *smelt*
l'escargot . . . . *snail*
l'espadon . . . . *swordfish*
l'esturgeon . . . . *sturgeon*
les œufs d'esturgeon . . . . *sturgeon roes*
la favouille . . . . *green crab*
le flétan . . . . *halibut*
la gambas . . . . *king prawn / gambas*
le goujon . . . . *gudgeon*
le grondin . . . . *gurnard*
le haddock . . . . *smoked haddock*
le hareng . . . . *herring*
le hareng saur . . . . *kipper*
le homard . . . . *lobster*
l'huître . . . . *oyster*
l'huître Belon . . . . *belon oyster*
l'huître fine de claire . . . . *green oyster*
l'huître Bouzigue . . . . *flat oyster*

Exercice 1 Fishy word search

Find the 29 hidden seafood names.

O	Y	S	T	E	R	D	F	E	F	N	J	T	R	D	E	A	N	B	R
I	G	T	A	U	E	X	E	J	G	W	S	E	P	L	A	I	C	E	F
D	Y	U	W	J	I	L	W	A	U	D	W	H	I	K	R	I	J	L	X
S	H	R	I	M	P	I	H	A	D	D	O	C	K	V	C	D	F	U	H
Z	I	G	E	C	E	E	I	P	G	O	R	N	E	R	A	W	D	G	E
B	R	E	A	M	U	R	T	M	E	E	D	N	L	D	V	E	P	A	R
R	A	O	X	E	Y	C	E	R	O	X	F	S	Q	U	I	D	A	Z	D
R	M	N	L	J	P	T	B	V	N	P	I	L	I	K	A	R	D	Q	H
J	D	Y	D	X	R	U	A	E	O	P	S	E	A	B	R	E	A	M	O
I	A	R	Y	I	A	O	I	S	G	J	H	L	R	E	K	C	I	V	P
F	R	E	S	H	W	A	T	E	R	C	R	A	Y	F	I	S	H	F	H
O	A	A	B	M	N	T	R	K	F	R	I	O	H	V	E	N	O	J	F
R	Z	F	N	R	J	K	I	B	Z	A	V	R	J	I	V	A	C	S	D
D	O	G	F	I	S	H	R	R	O	B	A	S	S	I	R	I	F	C	S
K	R	F	V	J	K	R	L	E	V	R	C	J	K	E	E	L	R	A	X
H	S	M	O	K	E	D	H	A	D	D	O	C	K	O	N	F	M	L	Q
B	H	R	H	C	J	K	R	M	O	I	E	A	P	C	B	R	I	L	L
H	E	R	R	I	N	G	D	R	A	C	K	R	Z	A	J	P	O	O	G
A	L	C	J	L	O	R	E	P	K	I	P	P	E	R	B	E	D	P	B
E	L	D	R	O	E	D	S	T	U	R	G	E	O	N	R	O	E	S	A

Exercice 2 What's missing?

Complete the words with vowels.

1. It's such a funny word this, m_h_-m_h_.
2. A s_ _ sc_rp_ _ n is a fairly dangerous fish.
3. A lot of people enjoy g_mb_s grilled on the barbecue.
4. A wh_lk is a tiny mollusk with a spiral shell.
5. An _nch_vy is a strongly-flavoured fish with a salty taste.
6. H_k_ is a marine food fish, similar to cod.
7. This is a very small kind of eel – a t_ny eel.
8. This kind of crab does not make a web – a sp_d_e crab.
9. A squ_d is a mollusk with tentacles.
10. It's fun to pick up c_ckles on the beach – with their white ribbed shell.
11. One of the largest flatfish, h_l_b_t is usually found in the northern Atlantic.
12. A w_nkl_ is a small edible marine snail, even smaller than (4).

CORRIGÉS p. 134

12 Les poissons et crustacés (L → Z)
Fish and shellfish (L → Z)

Noms

la lamproie . . . . *lamprey*
la langouste . . . . *spiny lobster*
la langoustine . . . . *Dublin bay prawn*
le lieu jaune . . . . *pollack*
le lieu noir . . . . *coalfish*
la limande. . . . . *dab*
la limande sole . . . . *lemon sole*
la lotte. *monkfish*
la lotte de rivière. . . . . *burbot*
le loup de mer . . . . *sea bass*
le lump . . . . *lump fish*
les œufs de lump . . . . *lumpfish roe*
le mahi-mahi . . . . *mahi-mahi*
le maquereau. . . . . *mackerel*
le merlan. . . . . *whiting*
le merlu. . . . . *hake*
le mérou . . . . *grouper*
la morue . . . . *cod-fish / salt cod*
la moule . . . . *mussel*
la moule de bouchot. . . . . *cultivated mussel*
la moule d'Espagne . . . . *Spanish mussel*
le mulet. . . . . *mullet*
la murène . . . . *moray*
l'oursin . . . . *(sea) urchin*
la palourde. . . . . *clam*
la perche. . . . . *perch*
le perroquet de mer . . . . *puffin / parrot fish*
le pétoncle . . . . *queen scallop*
le pilchard . . . . *pilchard*
le poisson-chat . . . . *catfish*
le poulpe. . . . . *octopus*
la praire. . . . . *small clam*
la raie . . . . *skate*
l'aile de raie . . . . *skate's wing*
la raie bouclée. . . . . *thornback ray*
la rascasse . . . . *scorpion fish*
le requin . . . . *shark*
l'aileron de requin. . . . . *shark's fin*
le rouget barbet . . . . *red mullet*
le rouget grondin . . . . *red gurnet*
la roussette . . . . *dogfish*
le saint-pierre . . . . *John Dory*
le sandre. . . . . *pikeperch*
la sardine . . . . *sardine*
le saumon. . . . . *salmon*
le saumon fumé. . . . . *smoked salmon*
le sébaste. . . . . *red fish*
la seiche . . . . *cuttlefish*
la sole . . . . *sole*
la tanche. . . . . *tench*
le tarama. . . . . *tarama / taramasalata*
la telline . . . . *tellina*
le thon. *tuna fish*
la truite . . . . *trout*
la truite arc-en-ciel . . . . *rainbow trout*
la truite de mer . . . . *sea trout*
la truite Fario . . . . *Fario trout*
la truite saumonée . . . . *salmon trout*
le turbot . . . . *turbot*

Exercice 1 Which box should it be packed in?

Put 6 words into each box.

burbot – catfish – clam – cuttlefish – Dublin bay prawn – mackerel – monkfish – mussel – perch – pikeperch – pollack – queen scallop – sardine – shark – spiny lobster – tench – trout – tuna –

Sea fish	Fresh water fish	Shellfish
....	....	....
....	....	....
....	....	....
....	....	....
....	....	....

Exercice 2 Could I translate the menu?

Choose the right translation of the French word.

1. Le merlan : ....
2. La raie : ....
3. Le saint-pierre : ....
4. Le saumon fumé : ....
5. Le poulpe : ....
6. La truite arc-en-ciel : ....
7. L'oursin : ....
8. Le loup de mer : ....
9. La murène :......................................
10. La roussette : ....

Exercice 3 Top and tail

Make a compound word with one word from each column.

1. shark's • • a. mussel
2. lemon • • b. clam
3. thornback • • c. fin
4. salt • • d. sole
5. lump • • e. trout
6. spanish • • f. ray
7. red • • g. fish
8. small • • h. wing
9. skate's • • i. cod
10. salmon • • j. mullet

ENTRAÎNEZ-VOUS

CORRIGÉS p. 135

13 La viande : généralités
Meat: general

Noms

la viande	*meat*
la viande rouge	*red meat*
la viande blanche	*white meat*
les morceaux	*cuts*
les morceaux de 1re catégorie	*prime cuts*
les morceaux de 2e catégorie	*second cuts*
les bas morceaux	*coarse cuts*
l'os	*bone*
la moelle	*marrow*
la chair	*flesh*
le gras	*fat*
le muscle	*muscle*
l'origine	*origin*
la qualité	*quality*
l'élevage	*livestock farming*
l'élevage en batterie	*battery farming*
la race	*breed*

Adjectifs

non dépouillé	*unskinned*
saigné	*bled*
vidé	*drawn*
désossé	*boned*
fumé	*smoked*
farci	*stuffed*
cru	*raw*
cuit	*cooked*
bleu	*rare*
saignant	*medium-rare*
rosé	*medium-rare / rose*
à point	*medium*
bien cuit	*well done*
trop cuit	*overdone*
pas assez cuit	*underdone*
tendre	*tender*
nerveuse	*tough*
persillé / marbré	*marbled*
maigre	*lean*
gras	*fatty*

Verbes

désosser	*to bone*
dénerver	*to remove the nerves*
dégraisser	*to trim / to remove the fat*
attendrir	*to tenderize*
escaloper	*to cut into escalopes*
détailler	*to cut into slices*
émincer	*to slice*
hacher	*to mince (machine) / to chop (couteau)*
barder	*to bard*
piquer avec de l'ail	*to stud with garlic*
larder	*to lard*
mariner	*to marinate*
lier	*to thicken*
nourrir	*to feed*
dégorger	*to soak*
parer	*to pare*
arroser	*to baste*
réduire	*to reduce*
cuire au four	*to bake*
braiser	*to braise*
griller	*to grill / to broil*
sauter à la poêle	*to fry*
saisir	*to fry quickly*
mijoter	*to simmer*
cuire à l'étuvée	*to stew*

Exercice 1 How would you like your meat cooked sir?

Put the adjectives in order from the least cooked to the most cooked.

very rare – medium – overdone – raw – underdone – well-done – rare

“Well actually, I’d like it...”

....

Exercice 2 How is the meat cooked?

Replace the definition in italics by a verb.

1. We *slowly boil or simmer* this pork to bring out its full flavour. = We ... the pork.
2. We *pour juices over* the meat during cooking to stop it getting dry. = We ... the meat.
3. We *cook on a metal framework* to let the fat run out. = We ... the meat.
4. We *decrease the quantity* of the sauce base to make the taste stronger. = We ... the base.
5. We *grind up the lamb into very small pieces* to make shepherd’s pie. = We ... the lamb.
6. We *cook the chop in hot fat or oil in a shallow pan.* = We ... the chop.
7. We *cut holes and put bits of garlic here and there* on our roast lamb. = We ... the lamb.
8. We *pound the veal or use a special machine* so that it is not tough. = We ... the veal.
9. We *remove the bones* from the chicken before cooking. = We ... the chicken.
10. We use cornstarch *to make the sauce thicken.* = We ... the sauce.
11. We *take off all the fatty parts* that are on the steak. = We ... the steak.
12. We *cut the beef into slices* before serving. = We ... the beef.

Exercice 3 How does the chef choose his meat?

Link the beginning and the end of the sentence.

1. I like to check the origin of my meat, where it is bred...
2. I refuse to use bad quality poultry...
3. I like to use really high quality meat...
4. When choosing red meat it is important to make sure...
5. I sometimes buy poultry which still has had the skin taken off...
6. Sometimes I need to find original “woody” tastes for my recipes...

A. ... so I only ever buy prime cuts.
B. ... but I prefer to buy unskinned white meat.
C. ... so I visit the livestock farms in the local area.
D. ... so I buy in smoked meat from the local smokehouse.
E. ... so nothing you eat here will come from battery farming.
F. ... that the flesh is tender and lean.

CORRIGÉS p. 135

14 Les ovins et les porcins
Sheep and Pigs

Noms

les ovins .... *sheep*
l'agneau .... *lamb*
l'agneau de lait .... *milk fed lamb*
l'agneau de pré-salé........ *salt meadow lamb*
le mouton................. *mutton*
la brebis .... *ewe*
le bélier.................... *ram*
le carré d'agneau .... *rack of lamb*
le collier .... *neck / scrag end*
la côtelette d'agneau....... *lamb cutlet*
la côtelette de mouton...... *mutton chop*
les côtelettes découvertes .. *best end of neck*
les côtelettes premières .... *loin chops*
les côtelettes secondes..... *loin*
la culotte.................. *double leg*
l'épaule d'agneau.......... *shoulder of lamb*
le gigot .... *leg*
le gigot raccourci.......... *short-cut leg*
la noisette .... *boneless, rolled filet*
le pied de mouton.......... *sheep's trotter*
la poitrine................. *breast*
la rouelle.................. *round steak*
la selle anglaise .... *english saddle*
la selle de gigot............ *saddle of lamb*
les porcins .... *pigs*
le porc .... *pork*
le porcelet /
le cochon de lait.......... *suckling pig*
la truie.................... *sow*
le verrat................... *boar*
la qualité supérieure .... *prime quality*
le premier choix............ *choice quality*
la catégorie ordinaire....... *select quality*
la couenne .... *rind*
le carré .... *pork loin*
la côtelette de porc......... *pork chop*
l'échine................... *boned pork shoulder*
l'épaule................... *shoulder*
le filet mignon .... *tenderloin*
le gras .... *fat*
le jarret................... *ham hock*
le jambon .... *ham*
la longe................... *loin*
le milieu de filet .... *filet mignon*
la palette .... *collar butt*
le pied de porc............. *pig's trotter*
le plat de côtes .... *rib end*
la pointe de filet .... *tenderloin*
la poitrine de porc.......... *pork belly*
le travers.................. *spare rib*
l'andouillette.............. *andouillette*
le boudin.................. *black pudding*
le jambon fumé............ *smoked ham / cured ham*
le jambon cru.............. *raw ham*
le jambon blanc............ *cooked ham*
le jambonneau............. *knuckle*
le lard .... *bacon / fat*
le lard fumé .... *gammon*
le lardon .... *bacon cube*
la saucisse .... *sausage*
le saucisson............... *(slicing) sausage*
la terrine.................. *terrine*
le pâté.................... *pâté*
les rillettes .... *rillettes / potted meat*

Adjectifs

dégraissé .... *lean / defatted*
découenné .... *rindless*

Exercice 1 Pork meat cuts

Complete the words with a consonant.

1.	La couenne	_ I _ _
2.	La côtelette de porc	_ O _ _ _ _ O _
3.	La pointe de filet / filet mignon	_ E _ _ E _ _ O I _
4.	L'épaule	_ _ O U _ _ E _
5.	La palette	_ O _ _ A _ _ U _ _
6.	Le pied de porc	_ _ O _ _ E _
7.	Le jarret	_ A _ _ O _ _
8.	Le plat de côtes	_ I _ E _ _

Exercice 2 What can be done with pork?

Unscramble the letters according to the definition.

1.	Cut into little squares:	CANOB CEBU
2.	Has had the fat taken off:	ALNE HMA
3.	Bacon which has had the rind taken off is:	DSRESLNI
4.	A mother pig is a:	SWO
5.	A piglet fed on mother's milk:	UNCGISLK IPG
6.	Ham given a specific taste in a smoker:	MDSEKO AHM
7.	Onions, pork fact, fillers and blood make a:	LKBCA DUDGNIP
8.	The most inexpensive cut of pork (or beef):	PSERA IRSB
9.	A tube filled with minced pork (or beef) etc.	AASUESG
10.	Cooked meat which is preserved.	TDOETP EAMT

F.Y.I. (For Your Information): you can eat every part of a pig.

Exercice 3 Mutton or lamb, ewe or ram?

What's the difference between the pairs of words? Match the pair to the answer.

1. Lamb / mutton
2. Ewe / ram
3. Shoulder of lamb / leg of lamb
4. Lamb cutlet / lamb chop
5. Rolled filet / best end of neck
6. Salt meadow lamb / milk fed lamb

A. The first come from the best end of neck, and are usually smaller than the second.
B. The first graze near the sea, the second has not yet been weaned.
C. The first is less than one year old, the second over one year old.
D. The first doesn't have any bones, the second does.
E. The first is fattier, and is said to have more taste.
F. The first is female, the second is male.

CORRIGÉS p. 135

15 Les bovins
Bovine animals

Noms

les bovins	*cattle / bovine animals*
le bœuf	*beef*
la vache	*cow*
la génisse	*heifer*
le taureau	*bull*
le taurillon	*bullock*
le veau	*veal / calf*
le veau de lait / « veau sous la mère »	*suckling calf*
le broutard	*grass-fed calf*
la race charolaise	*Charolais*
la race limousine	*Limousin*
la race normande	*Norman*
la race frisonne	*Frisian*
l'angus écossais	*Scottish angus*
l'aiguillette	*aiguillette*
l'aiguillette baronne	*cap muscle*
les basses côtes	*chuck roll*
la bavette	*flank steak*
la boule de macreuse	*shoulder of beef*
le carré	*loin / rack of beef*
le collier	*neck & clod (GB) / chuck (US)*
la côte de bœuf	*rib of beef*
les côtelettes découvertes	*best end of neck*
les côtelettes secondes	*loin*
les côtelettes premières	*loin chop*
le dessus de palette	*shoulder of beef*
l'entrecôte	*rib steak*
l'épaule	*chuck*
l'escalope de veau	*veal escalope*
le faux-filet	*sirloin steak*
le filet	*fillet*
le filet mignon	*tenderloin*
le flanchet	*thin rib (GB) / rib (US)*
le gîte-gîte	*thick flank (GB) / round (US)*
le gîte à la noix	*silverside*
le jarret	*leg (GB) / shank (US)*
le jarret de veau	*shin of veal (GB) / shank (US)*
le jumeau	*shoulder for stewed beef*
la langue	*tongue*
la noix	*topside of veal*
la noix pâtissière	*cushion of veal*
l'os à moelle	*marrowbone*
le paleron	*blade*
le pis	*udder*
le plat de côtes	*rib ends*
la poitrine	*brisket*
le quasi	*end of veal loin*
la queue	*tail*
le rumsteck	*rump*
la selle	*saddle*
la sous-noix	*bottom round*
le tendron	*tendron (GB) / plate (US)*
le train de côtes	*primal rib*
la tranche	*rump (GB) / bottom sirloin (US)*
la tranche grasse	*thick flank*
le rôti de bœuf	*roast beef*
le bif haché	*minced beef (GB) / ground beef (US)*
le pied de veau	*calf's trotter*
la côtelette de veau	*veal cutlet*
le foie de veau	*calf's liver*
les paupiettes de veau	*stuffed escalope of veal*
les ris de veau	*calf's sweetbreads*
la blanquette de veau	*veal in white sauce*

There is no exact parallel between the way beef is cut in France and how beef is cut in the UK, or even in the USA. Here are two diagrams so you can understand the beef cuts.

Exercice 1 American cuts of beef

Put the word in the right place.

tenderloin – shank – shank – chuck – bottom sirloin – short loin – round sirloin – rib – plate – top sirloin – brisket – flank – round

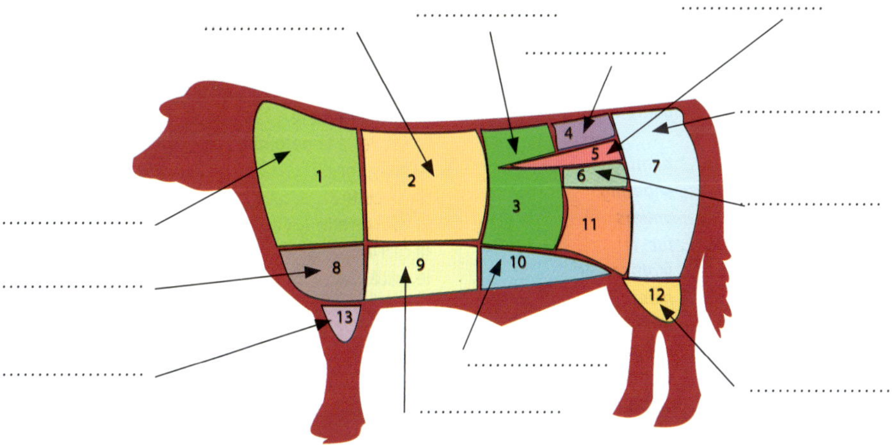

Exercice 2 British cuts of beef

Put the word in the right place.

thin rib – topside – neck & clod – flank – brisket – thick flank – fore rib – chuck & blade – silverside – sirloin – shin – leg – rump – thick rib

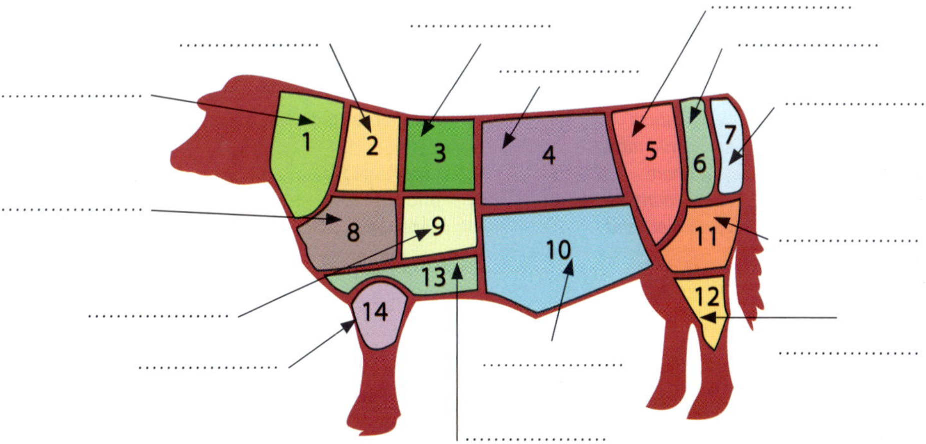

CORRIGÉS p. 136

16 Le gibier
Game

Noms

le gibier................... *game*
les animaux à poil /
le gibier de venaison...... *game animals*
les animaux à plume .... *game birds*
la chasse (à courre /
à gros gibier)............. *hunting*
la chasse (à fusil) .... *shooting*
la ramure .... *antlers*
la fourrure .... *fur*
les plumes .... *feathers*
la viande.................. *meat*
l'alouette .... *lark*
la bartavelle............... *red grouse*
la bécasse................. *woodcock*
la bécassine............... *snipe*
le becfigue .... *warbler*
la biche................... *hind (cerf / daim) / doe (chevreuil)*
la caille .... *quail*
le canard sauvage.......... *wild duck*
le canard souchet .... *shoveler*
le cerf .... *stag*
le chamois .... *chamois*
le chevreuil................ *roebuck*
la viande de chevreuil ...... *venison*
la colombe .... *dove*
le coq de bruyère .... *grouse*
le daim .... *deer / buck (mâle)*
le faisan .... *pheasant*
la grive .... *thrush*
le lapin de garenne......... *wild rabbit*
le lièvre................... *hare*
le marcassin............... *young wild boar*
le merle................... *blackbird*
le perdreau................ *young partridge*
la perdrix .... *partridge*
le pigeon.................. *pigeon*
le pigeonneau .... *young pigeon*
le pluvier.................. *plover*
la poule faisane............ *hen pheasant*
le ramier / la palombe ...... *ringdove*
le sanglier................. *wild boar*
la sarcelle................. *teal*
la tourterelle .... *turtledove*
la terrine.................. *terrine*
le pâté.................... *pâté*
le salmis .... *salmi*
le civet .... *stew (de lievre = jugged hare)*
la cuisson « vert cuit »...... *hardly cooked*
la carcasse .... *carcass*
le fond de gibier .... *game stock*
le foie .... *liver*
le sang.................... *blood*
la farce .... *stuffing (GB) / forcemeat (US)*

Verbes

chasser................... *to hunt*
plumer .... *to pluck*
vider .... *to gut / to empty*
mortifier .... *to hang*
faisander .... *to hang*
flamber les plumes......... *to flame feathers / to singe*
parer .... *to cut off*
brider .... *to truss*
découper .... *to cut / to carve*

Exercice 1 Shooting and hunting

Choose the right answer.

1. He went shooting in the forest and caught a wild pig – *a wild boar / bear.*
2. In his game larder he has *peasants / pheasants* and *hares / hairs.*
3. Did you see that handsome *stag / stage* and his amazing *feathers / antlers?*
4. Game birds need to be *hung / strung* before they are *feathered / plucked.*
5. Don't forget to *sing / singe* the pin feathers and *empty / gut* the bird before cooking.
6. Use *game stock / game basis* to give flavour to your sauces.
7. When you put *stuffing / farcing* in a game bird, it is better to *trust / truss* the bird to stop it all falling out.
8. Rabbits and hares are covered in *fur / fleece* and need to be skinned before cooking.
9. C*hamois / roebuck* live in the mountains, whereas *chamois / roebuck* are more commonly found in forests and plains.
10. Meat from deer is known as *vinaison / venison.*

Exercice 2 Do you know your game birds?

Reorder the letters to find the birds' name.

1. IPNES : ....
2. IGAERPRTD : ....
3. LAUQI : ....
4. EPNOGI : ....
5. CDKU ....
6. OSGERU : ....

ENTRAÎNEZ-VOUS

CORRIGÉS p. 136

17 La volaille
Poultry

Noms

la volaille . . . . *fowl / poultry*
la basse-cour . . . . *farmyard*
le poulet . . . . *chicken*
le poulet fermier . . . . *free-range chicken*
la poule . . . . *hen*
le poussin . . . . *chick*
le coq . . . . *rooster*
le coquelet . . . . *cockerel*
la poularde . . . . *fattened hen*
le chapon . . . . *capon*
la volaille de Bresse . . . . *Bresse chicken*
la caille . . . . *quail*
la dinde . . . . *turkey*
le dindonneau . . . . *young turkey*
l'oie . . . . *goose (pl. geese)*
le pigeon . . . . *pigeon*
le pigeonneau . . . . *young pigeon*
la pintade . . . . *guinea-fowl*
le pintadeau . . . . *young guinea-fowl*
le canard . . . . *duck*
le canard de Barbarie . . . . *muskovy duck*
le canard mulard . . . . *Mulard duck*
le caneton . . . . *duckling*
le gavage . . . . *force-feeding*
l'entonnoir . . . . *funnel*
l'abattage . . . . *slaughter*
le cloaque . . . . *cloaca*
les viscères . . . . *entrails*
les abats / les abattis . . . . *giblets*
le blanc . . . . *breast*
la cuisse . . . . *leg*
le pilon . . . . *drumstick*
l'aile . . . . *wing*
le jabot . . . . *crop*
la trachée . . . . *trachea*
la peau . . . . *skin*
le cou . . . . *neck*
la crête . . . . *comb*
les pattes . . . . *feet*
le brechet . . . . *wishbone*
le foie . . . . *liver*
le gésier . . . . *gizzard*
le cœur . . . . *heart*
le foie gras de canard . . . . *duck foie gras*
le foie gras d'oie . . . . *goose foie gras*
le confit . . . . *confit*
l'escalope de volaille . . . . *poultry escalope*
le canard laqué . . . . *Peking duck*
le canard à l'orange . . . . *duck in orange sauce*

Adjectifs

engraissé . . . . *fattened*
vidé . . . . *drawn*
plumé . . . . *plucked*

Verbes

gaver . . . . *to force-feed*
plumer . . . . *to pluck*
vider . . . . *to gut*
rôtir . . . . *to roast*
flamber . . . . *to singe*
ficeler . . . . *to tie with a string*
farcir . . . . *to stuff*

Exercice 1 Chicken cuts

Label the diagram with the following words.

thigh – breast (with skin) – neck – whole leg – oyster – drumstick – wing tip – fore-quarter (breast & wing) – breast fillet (skinned) – drumette – joint wing – leg quarter – mid-joint wing

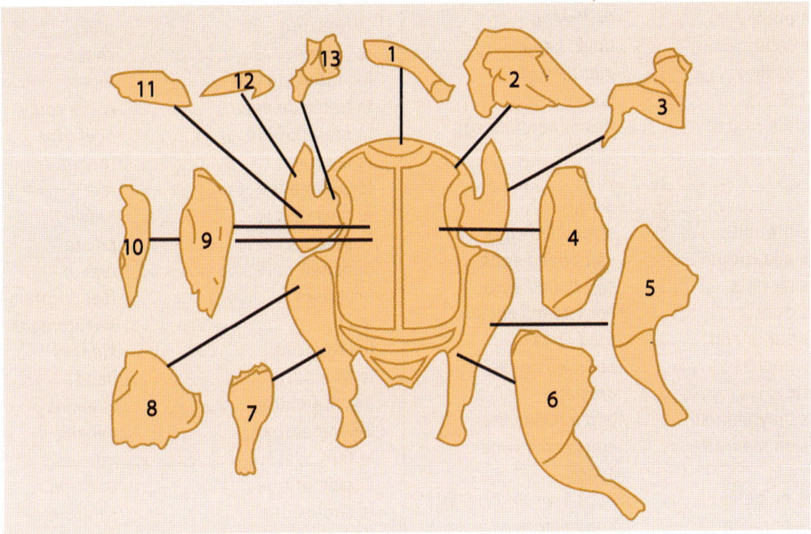

Question: What do you think the "Parson's nose" is?

Exercice 2 Round the world cookery

Find the answer to the clue.

1. This recipe comes from China.
2. In France, geese and duck are force-fed and then used to make ...
3. With a bird and fresh oranges from Spain you can make ...
4. In England, if you win the _ _ _ _ _ _ _ _ _ _ _ competition, you make a wish.
5. The best chicken in the world is said to come from the Rhône Alpes area, known as _ _ _ _ _ _ _ _ _ _ _ chicken.
6. This bird is cooked traditionally for the thanksgiving meal in the USA.
7. This kind of duck is native to Mexico, Central and South America and is delicious roasted.
8. International, this is a cross between a Muscovy and a Peking duck.

CORRIGÉS p. 136

18 Les œufs et les tripes
Eggs and tripe

Noms

l'œuf .... *egg*
l'œuf de poule............ *hen's egg*
l'œuf de cane............. *duck's egg*
l'œuf de caille .... *quail's egg*
l'œuf d'oie .... *goose's egg*
un œuf frais / du jour.... *fresh / new laid egg*
la coquille............... *shell*
le jaune.................. *yolk*
le blanc .... *white*
les œufs brouillés........ *scrambled eggs*
les œufs à la coque....... *soft boiled eggs*
les œufs mollets .... *soft boiled eggs*
les œufs durs............. *hard boiled eggs*
les œufs sur le plat...... *fried eggs*
les œufs pochés .... *poached eggs*
l'omelette................ *omelette*
les œufs mayonnaise....... *egg mayonnaise*
les œufs en meurette...... *eggs in red wine sauce*
les oeufs en gelée........ *eggs in aspic / in jelly*
les oeufs mimosa .... *egg mimosa*
les œufs en neige .... *stiffly beaten egg whites*
l'œuf en cocotte .... *baked egg*
les tripes................ *tripe*
les abats (bœuf/porc) ...... *offal*
l'abattoir................ *slaughterhouse*
les amourettes /
la moelle épinière .... *marrow*
les animelles
(rognon blanc) .... *ram's testicles*
la cervelle............... *brains*
le cœur .... *heart*
l'estomac .... *stomach*
le foie .... *liver*
la fressure............... *pluck*
les joues................. *cheek*
les lobes du foie .... *lobe*
la fraise de veau .... *calf's caul*
le gras-double............ *beef tripe*
la langue................. *tongue*
les mamelles .... *teat*
le museau................. *brawn*
le palais .... *palate*
la panse .... *rumen*
les pieds................. *feet / trotters*
les ris................... *sweetbreads*
les rognons .... *kidneys*
la tête .... *head*
les vitamines .... *vitamins*
les minéraux.............. *mineral*
le fer .... *iron*
l'acide urique............ *uric acid*
le cholestérol............ *cholesterol*
la graisse .... *fat*
la gélatine............... *gelatine*

Verbes

écaler .... *to shell*
fouetter .... *to whip / to whisk*
monter les œufs en neige ... *to beat egg whites to form stiff peaks*
clarifier un œuf .... *to separate*
incorporer................ *to fold*

Exercice 1 How to make a soufflé

Fill in the gaps to complete the recipe.

Ingredients : 2 eggs (separate w_ _ _ _ _ and y_ _ _ _ _) – 1/2 cup milk (125 ml) – 2 tbsp butter (5ml) – 2 tbsp flour – 3/4 cup cheese (150g)

Preheat the oven to 180°c. Butter and flour a large baking dish.

S_ _ _ _ _ _ _ _ the eggs; be careful not to put any s_ _ _ _ _ _ in. Prepare the basic roux. Add the heated milk little by little. Reduce the heat and add the egg y _ _ _ _ _ _ _ _ .

W_ _ _ _ _ _ _ well. Keep at a low temperature. Slowly add cheese (and a tsp mustard, salt and pepper if required). Mix.

B_ _ _ _ egg whites to f_ _ _ _ _ s_ _ _ _ _ p_ _ _ _ _ . F_ _ _ _ _ slowly into cheese sauce mixture. Bake 30-35 minutes and serve immediately.

(Tbsp = tablespoon = cuillère à soupe / tsp = teaspoon = cuillère à café)

Exercice 2 Other easy egg recipes

Find the English word.

1	Œufs brouillés	5	Œuf poché ....
2	Œufs mayonnaise	6	Œuf sur le plat ....
3	Œuf en cocotte	7	Œuf mollet / à la coque ....
4	Œuf dur	8	Œuf en gelée ....

Exercice 3 At the slaughterhouse

Match the first part of the word in the left column to the second part in the right column.

1. ton •	• A. ver
2. kid •	• B. ate
3. mar •	• C. gue
4. li •	• D. rt
5. tri •	• E. al
6. bra •	• F. row
7. che •	• G. ek
8. pal •	• H. neys
9. sweet •	• I. mach
10. off •	• J. ins
11. sto •	• K. breads
12. hea •	• L. pe

CORRIGÉS p. 136

19 Les légumes : généralités
Vegetables: general

Noms

les légumes .... *vegetables / veggies / veg*
les légumes secs........... *pulses*
le calibre.................. *grade*
la variété.................. *variety*
la garniture................ *garnishing*
la graine .... *seed*
la feuille .... *leaf*
la tige .... *stalk*
la racine .... *root*
la peau .... *skin*
la pulpe .... *flesh*
la gousse .... *pod*
la pointe .... *tip*
le grain .... *kernel*
la salade de... .... *... salad*
la jardinière de légumes .... *mixed vegetables*
la Duxelles .... *Duxelle*
la macédoine .... *macedoine*
le lit de salade............. *salad bed*
le potage.................. *soup*

Adjectifs

cru .... *raw*
cuit .... *cooked*
frais .... *fresh*
sec .... *dry*
surgelé .... *frozen*
en conserve .... *preserved / tinned*
de saison .... *seasonal*
biologique .... *organic*
amer .... *bitter*
sucré .... *sweet*
fané .... *withered*
pourri .... *rotten*
en purée .... *mashed*
en julienne .... *in julienne / in sticks*
végétarien .... *vegetarian*
végétalien .... *vegan*

Verbes

laver .... *to wash*
trier .... *to sort / to pick over*
éplucher / peler............ *to peel*
effiler .... *to string*
écosser .... *to pod / shell (pois) / to string (haricots)*
effeuiller .... *to remove the leaves (from)*
équeuter / retirer la tige .... *to remove the stalk from (GB) / to stem (US) / to pull the stalk off*
éliminer les feuilles flétries. . *to remove shrivelled leaves*
tremper .... *to soak*
dégorger .... *to draw out the moisture with salt*
couper .... *to cut*
émincer .... *to cut into slivers / slice thinly*
couper grossièrement ...... *to cut coarsely*
ciseler .... *to chop finely*
couper en dés .... *to dice*
couper en rondelles .... *to slice*
râper .... *to grate*
blanchir .... *to blanch*
bouillir .... *to boil*
faire cuire à la vapeur....... *to steam*
frire .... *to fry*
sauter .... *to sauté*
accommoder .... *to prepare*

Exercice 1 What are the vegetables like?

Find the missing word.

1. These peas are icy cold – they are f_ _ _ _ _ _.
2. Eat s _ _ _ _ _ _ _ vegetables like courgettes in the summer and cabbage in the winter.
3. R_ _ _ _ _ carrots, which are uncooked, are just as good as cooked carrots.
4. A good choice of f_ _ _ _ _ vegetables can be found in most supermarkets.
5. D_ _ _ _ or t _ _ _ _ _ _ vegetables can be eaten all year round.
6. The skin of that aubergine has w_ _ _ _ _ ; it's probably r_ _ _ _ _ inside.
7. Another word for m_ _ _ _ _ _ potatoes is creamed or whipped potatoes.
8. Julienne is a word to describe vegetables cut in s_ _ _ _ _

Exercice 2 What does the vegetable chef do all day?

Put the words into the right column.

Blanch, boil, chop finely, cut coarsely, cut into slivers, dice, draw out the moisture, fry, grate, peel, pod, remove leaves/stalk, sauté, shell, slice, soak, sort, steam, stem, string, wash

Preparation	With a knife or other utensil	Cooking methods
....	....	....
....	....	....
....	....	....
....	....	....
....	....	....
....	....	....
....	....	....

Exercice 3 Vegetable parts

Link the part to the description.

1. The main stem of the plant. •	• root
2. The part which attaches the plant to the ground. •	• leaf
3. Usually green and attached to the stalk. •	• stalk
4. An elongated container for peas for example. •	• flesh
5. The thin outer covering. •	• pod
6. The soft inside part of the vegetable. •	• skin
7. The reproductive part of a plant. •	• kernel
8. The pointed or rounded end. •	• seed
9. The edible part of a nut or seed within a hard shell. •	• tip

CORRIGÉS p. 137

20 Les légumes (A → G)
Vegetables (A → G)

Noms

l'ail........................ *garlic*
la gousse d'ail............. *garlic clove*
l'artichaut................. *artichoke*
le cœur d'artichaut......... *artichoke heart*
l'asperge................... *asparagus*
les pointes d'asperge....... *asparagus tips*
l'aubergine................. *aubergine (GB) / eggplant (US)*
l'avocat.................... *avocado / avocado pear*
le bambou .... *bamboo*
la batavia .... *webb lettuce*
la betterave .... *beetroot*
la blette................... *Swiss chard*
le bolet .... *boletus*
le brocoli.................. *broccoli*
la carde.................... *chard*
le cardon................... *cardoon*
la carotte .... *carrot*
le céleri branche .... *celery*
le céleri rave.............. *celeriac*
le cèpe..................... *cep*
le champignon............... *mushroom*
le champignon de Paris...... *button mushroom*
la chanterelle.............. *chanterelle*
la chicorée .... *endive / chicory*
le chou .... *cabbage*
le chou cabus............... *white cabbage*
le chou chinois .... *pak-choi*
le chou de Bruxelles........ *Brussels sprouts*
le chou de Milan .... *Milanese cabbage*
le chou-fleur............... *cauliflower*
le chou frisé............... *kale*
le chou rave .... *kohlabi*
le chou rouge............... *red cabbage*
la ciboulette............... *spring onion*
la citrouille............... *pumpkin*
la clavaire................. *clavaria*
les cocos................... *small white haricot beans*
le cœur de palmier .... *heart of palm*
le concombre................ *cucumber*
le cornichon................ *gherkin*
la coulemelle............... *coulemelle / parasol mushroom*
la courge................... *marrow (GB) / squash (US)*
la courgette .... *courgette (GB) / zucchini (US)*
le cresson.................. *watercress*
le crosne................... *Chinese artichoke*
l'échalote .... *shallot*
l'endive.................... *endive / chicory*
l'épinard................... *spinach*
le fenouil .... *fennel*
la fève .... *broad bean*
les flageolets.............. *dwarf kidney beans*
la frisée................... *curly lettuce*
la girolle .... *chanterelle / girolle*
le gombo.................... *gumbo*
les graines de carvi........ *caraway seeds*
les graines de moutarde .... *mustard seeds*
les graines de potiron ..... *pumpkin seeds*
les graines de sésame ...... *sesame seeds*
les graines de tournesol ... *sunflower seeds*

Exercice 1 Word snake

Find the 23 words hidden in the snake.

dwarfkidneybeanscucumberfennelshallotchardclavariagarliccauliflowermarrowpumpkinchico-rybroccoliartichokecabbagecelerygumbokalecourgettegherkinspinachbroadbeanwatercressko-hlabi

Exercice 2 Mushroom or Seed?

Put the word into the right column.

boletus – button – caraway – cep – chanterelle – mustard – parasol – pumpkin – sesame – sunflower

Mushroom	Seed
....	....
....	....
....	....
....	....
....	....

Exercice 3 Red + cabbage = Red cabbage

Match the word pairs.

1. Heart	+	A. tips	= ....
2. Swiss	+	B. heart	= ....
3. Garlic	+	C. choi	= ....
4. Spring	+	D. pear	= ....
5. Asparagus	+	E. lettuce	= ....
6. Curly	+	F. chard	= ....
7. White	+	G. sprouts	= ....
8. Artichoke	+	H. onion	= ....
9. Brussels	+	I. cabbage	= ....
10. Avocado	+	J. lettuce	= ....
11. Pak	+	K. clove	= ....
12. Webb	+	L. of palm	= ....

CORRIGÉS p. 137

21 Les légumes (H → Z)
Vegetables (H → Z)

Noms

le haricot adzuki .... *adzuki bean*
le haricot à œil noir......... *black-eyed bean*
le haricot à rames .... *runner beans*
le haricot blanc .... *butter bean*
le haricot mungo........... *mung bean*
le haricot pinto .... *pinto bean*
le haricot rouge............ *red (kidney) bean*
le haricot sec .... *dried bean*
le haricot vert.............. *French bean*
l'igname .... *yam*
la laitue................... *lettuce*
les lentilles................ *lentils*
les lentilles rouges......... *red lentils*
la mâche.................. *lamb's lettuce*
le maïs.................... *maize / corn*
l'épis de maïs.............. *corn on the cob*
le mange-tout .... *mange-tout*
le manioc .... *cassava*
le mesclun .... *mesclun*
la morille.................. *morel*
le navet................... *turnip*
l'oignon .... *onion*
l'ortie..................... *nettle*
l'oseille................... *sorrel*
le panais.................. *parsnip*
la patate douce .... *sweet potato*
les petits pois .... *peas*
le pissenlit .... *dandelion*
le poireau .... *leek*
la poirée .... *Chinese leaves*
les pois cassés............. *split peas*
les pois chiches............ *chickpeas*
le poivron .... *sweet pepper*
le poivron rouge .... *red pepper*
le poivron vert .... *green pepper*
les pommes de terre........ *potatoes*
les pommes
de terre nouvelles .... *new potatoes*
le potiron .... *pumpkin*
le pourpier .... *purslane*
le radicchio................ *radicchio*
le radis .... *radish*
le raifort .... *horse-radish*
la roquette .... *rocket*
le rutabaga................ *swede*
la salade .... *salad*
la salade romaine .... *cos lettuce*
le salsifis.................. *salsify*
la scarole .... *Batavian endive*
la scorsonère .... *black salsify*
le soja .... *soya bean*
la tomate .... *tomato*
la tomate cerise............ *cherry tomato*
le topinambour .... *Jerusalem artichoke*
la truffe................... *truffle*

Veggie box = a box full of seasonal fruit and vegetables. It is often a community effort and people sign up to receive a box once a week and also to participate in growing and caring for the produce.

Exercice 1 What on earth could it be?

Find the solution to the clue.

1. Pigs were once used to look for this.
2. This potato is not savoury.
3. This bean could have been in a fight.
4. This bean "parlez français".
5. This artichoke comes from one of the oldest cities in the Middle East.
6. This kind of cabbage could come from Peking.
7. This tomato sounds like a fruit.
8. This lettuce belongs to a young sheep.
9. This kind of radish sounds like a 4-legged animal.
10. This bean could be made from churned milk.

Exercice 2 Let's have some salad

Put in the missing vowel.

1. R _ D _ S H
2. T _ M _ T _
3. L _ T T _ C _
4. R _ C K _ T
5. M _ S C L _ N
6. S _ Y _ B _ _ N
7. D _ N D _ L _ _ N
8. N _ W P _ T _ T _ _ S
9. C _ S L _ T T _ C _
10. B _ T _ V _ _ N L _ T T _ C _

Exercice 3 What's in the veggie box?

Translate the following words.

1. Poireau : ....
2. Poivron rouge / vert : ....
3. Haricot mungo : ....
4. Épis de maïs : ....
5. Navet : ....
6. Panais : ....
7. Pois chiches : ....
8. Oignon : ....
9. Potiron : ....
10. Rutabaga : ....
11. Igname : ....
12. Haricot sec : ....
13. Lentilles : ....
14. Haricot à rames : ....
15. Ortie : ....
16. Salsifis : ....
17. Manioc : ....
18. Maïs : ....
19. Haricot rouge : ....
20. Morille : ....

ENTRAÎNEZ-VOUS

CORRIGÉS p. 138

22 Les céréales, le riz et les pâtes
Cereals, rice and pasta

Noms

les féculents	*starchy foods*
la fécule de pomme de terre	*potato starch / flour*
la fécule de maïs	*corn starch*
les céréales	*cereals*
l'avoine	*oats*
le blé	*wheat*
le boulgour	*bulghur*
le couscous	*couscous*
les flocons	*flakes*
les flocons de maïs	*corn flakes*
le froment	*wheat*
le houblon	*hops*
le maïs	*maïze / corn*
la maïzena	*cornflour / cornstarch*
le millet	*millet*
l'orge	*barley*
le quinoa	*quinoa*
le sarrasin	*buckwheat*
le seigle	*rye*
la semoule	*semolina*
le son	*bran*
le tapioca	*tapioca*
les pâtes	*pasta*
les pâtes aux œufs	*egg pasta*
les pâtes fraîches	*fresh pasta*
les coquillettes	*pasta shells*
les lasagnes	*lasagna*
les macaronis	*macaroni*
les nouilles	*noodles*
les papillons	*farfalle / butterfly pasta*
les ravioles	*ravioles*
les raviolis	*ravioli*
les spaghettis	*spaghetti*
les tagliatelles	*tagliatelle*
les vermicelles	*vermicelli*
le riz	*rice*
le riz arborio	*short-grained rice*
le riz au jasmin	*jasmine rice*
le riz au lait	*rice pudding*
le riz basmati	*basmati rice*
le riz cantonais	*fried rice*
le riz complet / riz brun	*whole rice*
le riz créole	*creole rice*
le riz gluant	*sticky rice*
le riz long	*long grain rice*
le riz pilaf	*pilaff / pilau rice*
le riz rond	*round-grain rice*
le riz sauvage	*wild rice*

Adjectifs

al dente	*al dente*
pâteux	*pasty*
gluant	*sticky*
complète (farine)	*wholemeal*

Verbes

couvrir	*to cover*
faire gonfler	*to leave to swell*
porter à ebullition	*to bring to the boil*
égoutter	*to strain*
saupoudrer de	*to sprinkle with*

A foolproof way of cooking rice: Bring the same amount of water and rice to the boil. Reduce to very low heat and leave to swell for 20 minutes.

Exercice 1 Cooking pasta

Complete the advice for cooking pasta.

First, check the cooking times on the p _ _ _ _ packet. F_ _ _ _ white p _ _ _ _ should take less time to cook than dried pasta or w _ _ _ _ _ _ _ _ pasta. Pasta should be served a _ d _ _ _ _. If cooked for too long it becomes p _ _ _ _ and sometimes even s _ _ _ _ _.
B_ _ _ _ the water t_ t _ _ b _ _ _ and put in the pasta immediately. C _ _ _ _ the pan so the water boils again and cook for the amount of time marked on the packet. When cooked, s _ _ _ _ _ and serve immediately. S _ _ _ _ _ _ _ w _ _ _ grated cheese or parmesan for taste.

Exercice 2 What kind of rice?

Translate the kinds of rice.

1. riz complet / brun
2. riz au jasmin
3. riz pilaf
4. riz sauvage
5. riz cantonais
6. riz gluant
7. riz créole
8. riz rond
9. riz au lait
10. riz long
11. riz basmati
12. riz Arborio

Exercice 3 Where's the word gone?

Find 26 cereal, rice or pasta.

E	B	W	M	U	E	L	W	E	O	R	S	J	K	E	F	U	E	D	R
L	A	S	A	G	N	A	A	Q	B	R	E	H	D	K	B	E	B	L	M
H	E	J	C	O	R	C	L	E	B	A	T	E	P	C	U	A	U	D	A
D	H	K	A	D	N	F	M	K	E	V	E	R	M	I	C	E	L	L	I
D	C	E	R	E	A	L	S	O	I	I	X	Z	D	H	K	N	G	O	Z
E	O	U	O	J	O	A	S	R	H	O	P	S	D	H	W	O	H	P	E
B	R	A	N	W	E	K	Y	N	I	L	O	E	A	N	H	P	U	R	G
B	N	G	I	Q	S	E	M	O	L	I	N	A	E	J	E	E	R	A	Q
F	S	F	H	R	L	S	E	O	S	E	K	E	J	D	A	P	D	G	U
U	T	I	D	Y	Q	H	J	D	T	A	G	L	I	A	T	E	L	L	I
B	A	R	L	E	Y	S	O	L	S	J	L	S	R	J	Q	G	D	G	N
F	R	J	O	M	I	L	L	E	T	S	R	H	J	R	J	G	O	M	O
S	C	A	O	F	R	E	Y	S	F	H	R	J	K	I	O	P	E	D	A
W	H	E	A	T	D	E	G	H	K	L	I	F	A	R	F	A	L	L	E
O	E	C	T	B	I	L	R	D	K	O	E	A	D	H	E	S	D	H	E
C	O	U	S	C	O	U	S	D	K	S	P	A	G	H	E	T	T	I	P
S	G	E	H	J	I	R	J	K	R	I	O	L	F	C	R	A	A	H	E

CORRIGÉS p. 138

23 Les fruits : généralités
Fruit: general

Noms

les fruits .... *fruit (inv.)*
les agrumes .... *citrus fruit*
les fruits rouges .... *summer fruit / red fruit*
les fruits exotiques .... *exotic fruit*
les fruits secs .... *dried fruit*
le pépin .... *pip / seed*
le noyau .... *stone / kernel*
le trognon .... *core*
la queue .... *stalk*
la coquille / la noix .... *shell*
la peau .... *skin (banana skin)*
la peau / l'écorce .... *peel (orange peel)*
la peau interne blanche .... *pith (orange)*
la pelure .... *rind (melon)*
la chair / la pulpe .... *flesh / pulp*
le zeste .... *zest (lemon zest)*
un quartier .... *wedge / segment*
la salade de fruits .... *fruit salad*
le jus de fruit .... *fruit juice*
la tarte aux fruits .... *fruit cakes*
le sorbet .... *sorbet / sherbet*
le coulis .... *coulis / fruit purée*
la compote .... *stewed fruit / compote*
la confiture .... *jam*
la marmelade .... *marmalade*
la gelée .... *jelly*
la pâte d'amande .... *almond paste*
la pâte de fruits .... *fruit jelly*

Adjectifs

entier .... *whole*
nature .... *natural (yoghurt) / plain*
de saison .... *seasonal*
croquant .... *crisp / crunchy*
mûr .... *ripe*
pas mûr .... *unripe*
vert .... *green*
pourri .... *rotten*
moisi .... *mouldy*
sec .... *dried*
juteux .... *juicy*
goûteux .... *tasty*
insipide .... *tasteless*
amer .... *bitter*
acide .... *sharp / sour*
sucré .... *sweet*
sans pépin .... *seedless*
en conserve .... *tinned (GB) / canned (US)*
au sirop .... *in syrop*

Verbes

peler .... *to peel*
couper en quartiers .... *to cut in segments*
dénoyauter .... *to stone*
évider .... *to core*
épépiner .... *to seed*
émonder .... *to husk*
presser à la main .... *to squeeze*
presser à la machine .... *to press*
écraser .... *to mash*
faire bouillir .... *to boil*
cuire en compote .... *to stew*
pocher .... *to poach*
aromatiser .... *to flavour*
confire .... *to crystallise / candy*

ENTRAÎNEZ-VOUS

Exercice 1 You got that one wrong

Correct the mistake in the sentence.

1. Grate the lemon zeal and add to soufflé to give extra flavour.
2. Remove the pit carefully by scraping with a paring knife.
3. Cork and trim the apple to make baked apples.
4. Smash the potatoes and then add butter and cream or milk.
5. For cooking without the skin, pele the pears carefully from stalk down.
6. It is easier to scone the freestone variety of apricot.
7. Some people use a machete to rusk a coconut.
8. To get as much juice as possible, sneeze by hand or presse in a machine. (2 mistakes)
9. Cut in quarts after removing the bitter white pith.
10. Use cinnamon to aromatise stewed, boiled or poached fruit.

Exercice 2 Pip and seed

Find a synonym.

1. summer fruit : ....
2. coulis : ....
3. flesh : ....
4. sorbet : ....
5. stone : ....
6. natural : ....
7. wedge : ....
8. compote : ....
9. sharp : ....
10. candy (to) : ....
11. crisp : ....
12. tinned : ....

Exercice 3 Fruity words

Choose the right answer.

1. The opposite of "ripe" is:
a) inripe b) unripe

2. Oranges, lemons, and grapefruit are known as
a) citrus fruit b) citric fruit

3. A skin for a banana, peel for an orange and ... for a melon
a) rind b) skin

4. The opposite of "tasteless" is:
a) tasty b) tasteful

5. Grapes can be found with seeds or:
a) unseedly b) seedless

6. Fruit with a lot of juice is:
a) juiceful b) juicy

7. Marmalade which has gone bad often goes:
a) mouldful b) mouldy

8. ... almond paste is used in Italy for making Amaretti.
a) bitter b) better

CORRIGÉS p. 139

24 Les fruits
Fruit

Noms

l'abricot .... *apricot*
l'airelle .... *cranberry*
l'amande .... *almond*
l'amande amère .... *bitter almond*
l'ananas .... *pineapple*
l'avocat .... *avocado*
la banane .... *banana*
le brugnon .... *nectarine*
la cacahuète .... *peanut*
la carambole .... *star fruit / carambola*
le cassis .... *blackcurrant*
la cerise .... *cherry (pl. cherries)*
la châtaigne / le marron .... *chestnut*
le citron .... *lemon*
le citron vert .... *lime*
la clémentine .... *clementine*
le coing .... *quince*
la datte .... *date*
la figue .... *fig*
la figue de barbarie .... *prickly pear*
la fraise .... *strawberry*
la fraise des bois .... *wild strawberry (pl. strawberries)*
la framboise .... *raspberry*
le fruit de la passion .... *passion fruit*
la goyave .... *guava*
la grenade .... *pomegranate*
la groseille .... *redcurrant*
la groseille à maquereau .... *gooseberry*
le jujube .... *jujube*
le kaki .... *persimmon*
le kiwi .... *kiwifruit*
le litchi / letchi .... *lychee*
la mandarine .... *tangerine*
la mangue .... *mango*
le melon .... *melon*
la mirabelle .... *cherry plum*
la mûre .... *blackberry*
la myrtille .... *blueberry*
la nectarine .... *nectarine*
la nèfle .... *medlar*
la noisette .... *hazelnut*
la noix .... *walnut*
le cerneau de noix .... *half shelled walnut*
la noix de cajou .... *cashew nut*
la noix de coco .... *coconut*
la noix de pécan .... *pecan nut*
l'orange .... *orange*
l'orange sanguine .... *blood orange*
le pamplemousse .... *grapefruit*
la papaye .... *papaya*
la pastèque .... *watermelon*
la pêche .... *peach*
le physalis .... *cape gooseberry*
le pignon .... *pine kernel*
la pistache .... *pistachio*
la poire .... *pear*
la pomme .... *apple*
la prune .... *plum*
le pruneau .... *prune*
le raisin .... *grapes*
une grappe de raisin .... *a bunch of grapes*
les raisins secs .... *raisins*
la rhubarbe .... *rhubarb*
la tomate .... *tomato*

Exercice 1 Fruit and Nut

Translate the words and put them in the right box with the corresponding letter.

amande – avocat – cacahouète – châtaigne – citron vert – datte – litchi – mure – noisette – noix – noix de cajou – noix de pécan – pastèque – pistache – prune – rhubarbe

FRUIT	NUTS
A _ _ _ _ _ _ _ _ _ _ _	A _ _ _ _ _ _ _ _ _ _ _
B _ _ _ _ _ _ _ _ _ _ _	C _ _ _ _ _ _ _ _ _ _ _
D _ _ _ _ _ _ _ _ _ _ _	C _ _ _ _ _ _ _ _ _ _ _
L _ _ _ _ _ _ _ _ _ _ _	H _ _ _ _ _ _ _ _ _ _ _
L _ _ _ _ _ _ _ _ _ _ _	P _ _ _ _ _ _ _ _ _ _ _
P _ _ _ _ _ _ _ _ _ _ _	P _ _ _ _ _ _ _ _ _ _ _
R _ _ _ _ _ _ _ _ _ _ _	P _ _ _ _ _ _ _ _ _ _ _
W _ _ _ _ _ _ _ _ _ _ _	W _ _ _ _ _ _ _ _ _ _ _

Exercice 2 Picking fruit

Fill in the gaps.

1. It's fun going into the woods and looking for w_ _ _ s_ _ _ _ _ _ _ _ _ _ .
2. The c_ _ _ _ _ _ _ _ is native to North America as is often used for juice and sauces.
3. A green lemon is called a l _ _ _ .
4. G_ _ _ _ _ come in a bunch, whereas raisins usually come in a packet.
5. Choose a p_ _ _ _ _ _ _ _ with a firm gold to brown skin and green leaves.
6. A large, round, yellow citrus fruit, with a tart and tangy taste is a g_ _ _ _ _ _ _ _ _.
7. A r_ _ _ _ _ _ _ _ _ sauce is often served with game, especially venison. In England, r_ _ _ _ _ _ _ _ _ jelly is served traditionally with lamb. (Use the same word twice).
8. In French this has a fishy name. In English it is similar to a bird. It is a g_ _ _ _ _ _ _ _ _.
9. A b_ _ _ _ o_ _ _ _ _ is small with crimson coloured flesh.
10. You have to climb up a palm tree to get a c_ _ _ _ _ _ .

Exercice 3 Word associations

Which fruit do you associate with the following words?

1. pie / crumble / core / red or green peel
2. split / skin / bread / bunch / yellow
3. stone / melba / summer / juicy / yellow or white flesh
4. the tropics / many seeds / sorbet / yellow or dark purple skin
5. small / aperitif mixed with wine / vitamin C / very dark purple

CORRIGÉS p. 140

25 Les produits laitiers
Dairy products

Noms

les produits laitiers........ *dairy products*
le lait.................... *milk*
le lait pasteurisé.......... *pasteurised milk*
le lait écrémé............. *skimmed milk*
le lait demi-écrémé........ *semi-skimmed milk*
le lait entier.............. *whole milk*
le lait cru................. *unpasteurised milk*
le lait concentré........... *condensed milk*
le lait en poudre.......... *powdered milk*
le petit lait............... *whey*
le lait caillé.............. *curdled milk*
le lait de brebis........... *sheep's milk*
le lait de chèvre........... *goat's milk*
le lait de vache............ *cow's milk*
la crème fraîche........... *cream*
la crème épaisse.......... *double cream*
la crème allégée.......... *single cream*
la crème fleurette......... *light cream*
la crème chantilly......... *whipped cream*
la crème glacée........... *ice cream*
la crème aigre............ *sour cream*
le beurre.................. *butter*
le beurre doux............. *unsalted butter*
le beurre demi-sel......... *slightly salted butter*
le beurre salé............. *salted butter*
la margarine............... *margarine*
la motte de beurre......... *slab of butter*
une noisette de beurre...... *a knob of butter*
le fromage................ *cheese*
le fromage de chèvre....... *goat's milk cheese*
le fromage de vache........ *cow's milk cheese*
le fromage de brebis....... *sheep's milk cheese*
le fromage à pâte molle..... *soft cheese*
le fromage à pâte dure...... *hard cheese*
le fromage râpé............ *grated cheese*
le bleu.................... *blue cheese*
le fromage frais............ *fromage frais*
le camembert............. *Camembert*
le parmesan............... *Parmesan*
le gruyère................ *Swiss cheese / gruyère*
le brie.................... *Brie*
le Roquefort.............. *Roquefort*
le Comté.................. *Comté*
le Saint-Marcellin.......... *Saint-Marcellin*
la croûte.................. *rind*
l'affinage.................. *maturing*
le fromage blanc........... *fromage blanc / quark*
le fromage blanc caillé...... *cottage cheese*
le yaourt.................. *yoghurt*
le fromage à tartiner........ *cream cheese*

Adjectifs

affiné.................... *soft*
crémeux.................. *creamy*
coulant................... *runny*
moelleux.................. *smooth*
bien fait.................. *ripe*
doux..................... *mild*
fort...................... *mature*
fruité.................... *fruity*
à trous.................... *cheese with holes*
moisi..................... *mouldy*
râpé..................... *grated*
sans matière grasse........ *fat free*

Exercice 1 **Odd man out**

Which word does not belong?

1. curdled / sheep's / goat's / knob
2. pasteurised / fruity / skimmed / whole
3. mouldy / creamy / runny / with holes
4. single / rind / double / light
5. salted / unsalted / powdered / slab

Exercice 2 **What cheese have I got in mind?**

Match the word to the thought bubble.

blue – cottage cheese – cream cheese – fat free – goat's milk cheese – grated – hard cheese – mature – mild – yoghurt

1. I'm on a diet so I need ...
2. What was that soft white lumpy cheese made from soured milk?
3. I like that cheese with strains of blue mould.
4. I like cheese which is ripe.
5. No, thank you, I don't eat cow's milk or sheep's milk cheese.
6. Give me some cheese with a soft flavour.
7. Now, a little sprinkle of this on the top and it's ready.
8. This is also an expression to say bad luck!
9. It's made from curdled milk and looks like thick white custard.
10. I feel like a slice of bread with cheese spread on it.

Exercice 3 **Little Miss Muffet, sat on a tuffet, eating her curds and whey...**

Find a word for the definition.

1. A substitute for butter made from vegetable oil or animal fat.
2. Cream which is beaten to make it light and fluffy.
3. Cow's milk with sugar added which is thickened and canned.
4. Cream fermented with the addition of lactic acid bacteria to change the taste.
5. The watery part of milk that separates from the curds when making cheese.

CORRIGÉS p. 140

26 Aromates et épices
Seasoning and spices

Noms

les aromates .... *seasoning*
les fines herbes............ *herbs*
le bouquet garni .... *bouquet garni*
les herbes de provence ..... *herbes de provence*
l'aneth.................... *dill*
le basilic .... *basil*
la bourrache............... *borage*
la camomille............... *camomile*
le cerfeuil .... *chervil*
la coriandre .... *coriander*
la ciboulette............... *chives*
la citronnelle .... *lemon grass*
l'estragon................. *tarragon*
le fenouil.................. *fennel*
l'hysope .... *hyssop*
le laurier.................. *bay*
la feuille de laurier .... *bay leaf*
la marjolaine .... *marjoram*
la mauve.................. *mallow*
la mélisse................. *lemon balm*
la menthe................. *mint*
l'origan .... *oregano*
le persil.................... *parsley*
le persil plat............... *flat-leaved parsley*
le persil frisé .... *curly parsley*
le persil en branches .... *leaf parsley*
le brin de persil............ *a sprig of parsley*
la pimprenelle .... *burnet*
la réglisse.................. *liquorice*
le romarin.................. *rosemary*
la sarriette .... *savory*
la sauge .... *sage*
le serpolet .... *wild thyme*
le thym .... *thyme*
le tilleul................... *lime*
la verveine .... *verbena*
les épices .... *spices*
l'anis .... *aniseed*
la badiane................. *star anise*
la cannelle .... *cinnamon*
la cardamome .... *cardamom*
les clous de girofle .... *cloves*
la câpre................... *caper*
le gingembre .... *ginger*
le cumin .... *cumin*
le curcuma .... *turmeric*
le curry .... *curry*
la noix de muscade......... *nutmeg*
le paprika .... *paprika*
le piment de Cayenne....... *Cayenne pepper*
le piment doux............. *sweet pepper*
le piment rouge............ *chili / hot red pepper*
le poivre .... *pepper*
le quatre-épices............ *four spices*
le safran .... *saffron*
la vanille.................. *vanilla*
la gousse de vanille .... *vanilla bean / pod*

Adjectifs

moulu .... *ground*
écrasé .... *crushed*
épicé .... *spicy / hot*
insipide .... *tasteless*

Exercice 1 Commonly used herbs

Coriander (cilantro) – Mint – Parsley – Dill – Basil – Oregano – Rosemary – Chives – Sage – Savory – Thyme – Tarragon – Marjoram

Label the chart.

Exercice 2 Spices galore!

Match the spice to the translation.

1. paprika •	• A. sweet pepper
2. gousse de vanille •	• B. aniseed
3. noix de muscade •	• C. chili / red hot pepper
4. piment de Cayenne •	• D. ginger
5. poivre •	• E. vanilla bean / pod
6. câpre •	• F. cloves
7. badiane •	• G. cinammon
8. anis •	• H. paprika
9. clous de girofle •	• I. Cayenne pepper
10. curcuma •	• J. star anise
11. piment doux •	• K. saffron
12. safran •	• L. nutmeg
13. gingembre •	• M. caper
14. piment rouge •	• N. tumeric
15. cannelle •	• O. pepper

CORRIGÉS p. 140

27 Condiments, huile et vinaigre
Condiments, oil and vinegar

Noms

les condiments .... *condiments*
l'ail........................ *garlic*
la gousse d'ail............. *a clove of garlic*
la tête d'ail................ *head of garlic*
l'échalote .... *shallot*
l'oignon.................... *onion*
le sel .... *salt*
le sel de céleri............. *celery salt*
le sel fin .... *table salt*
le gros sel................. *sea salt*
le sel de Guérande .... *sea salt from Guérande*
la fleur de sel.............. *fleur de sel*
le glutamate................ *glutamate*
le poivre .... *pepper*
la moutarde .... *mustard*
les cornichons............. *gherkin*
l'assaisonnement .... *seasoning*
l'huile .... *oil*
l'huile d'arachide .... *groundnut oil / peanut oil*
l'huile de colza .... *rapeseed oil*
l'huile de noix .... *walnut oil*
l'huile d'olive vierge........ *unrefined olive oil*
de 1re pression .... *from first pressing*
l'huile de pépins de raisin... *grapeseed oil*
l'huile de sésame .... *sesame oil*
l'huile de tournesol .... *sunflower seed oil*
le vinaigre.................. *vinegar*
le vinaigre d'alcool......... *spirit vinegar*
le vinaigre de cidre......... *cider vinegar*
le vinaigre de vin........... *wine vinegar*
le vinaigre aux condiments.. *herb vinegar*
le vinaigre de framboise .... *raspberry vinegar*
le vinaigre de xérès......... *xeres / sherry vinegar*
le vinaigre balsamique...... *balsamic vinegar*
le sucre .... *sugar*
le sucre en poudre .... *fine granulated sugar*
le sucre en morceaux....... *lump / cube sugar*
le sucre de canne .... *cane sugar*
le sucre cristallisé .... *coarse granulated sugar*
le sucre semoule........... *caster sugar*
le miel..................... *honey*
la cassonade .... *brown sugar*
la saccharine .... *saccharin*
le ketchup.................. *ketchup*
le chutney.................. *chutney*
la marinade .... *marinade*
la vinaigrette .... *(French) dressing*

Adjectifs

salé .... *salted*
poivré .... *peppered*

Verbes

saler .... *to salt*
poivrer .... *to pepper*
relever .... *to spice up*
assaisonner............... *to season (salt, pepper) / to dress (vinaigrette)*
rectifier l'assaisonnement... *to correct the dressing*

Exercice 1 Sweet or savoury?

Put the condiments into the right column.

clove of garlic – honey – lump sugar – mustard – pepper – saccharin – celery salt

Sweet	Savoury
....	....
....	....
....	....
....	....

Exercice 2 What kind of vinegar?

Untangle the words.

1. ASCILMAB
2. IRCED
3. PRAREYBSR
4. IWEN
5. YERSRH
6. EBRH
7. IPTIRS

Exercice 3 Spice up the dish

Use the clues to fill in the word puzzle.

1		G	_	_	_	_	_	_	_	_				
2			S	_	_	S	_	_	_					
3				G	_	_	_	_	_	_				
4					O	_	_	_	_	O	_	_		
5			C	_	_	_	_	_	_					
6				S	_	_	_	_	_	O	_	_		
7	F	_	_	_	_	_	D	_	_	_	_	_	_	_
8						P	_	_	_	_	_	O	_	_

1. A salt from glutamic acid.
2. Salt which comes from near the beach.
3. A pickled cucumber.
4. Oil pressed from a small, oval ripe fruit.
5. A spicy condiment made of fruit or vegetables – sweet and sour.
6. A fatty oil obtained from seeds.
7. 3 tablespoons oil, 1 tablespoon vinegar, mustard, salt and pepper.
8. Oil extracted from the oval seed of a nut, often eaten with an aperitif.

Hidden word: a sauce in which meat or fish is soaked before cooking.

CORRIGÉS p. 141

28 Les boissons sans alcool
Soft drinks

Noms

la boisson .... *drink / beverage*
la boisson sans alcool ...... *alcohol-free drink / soft drink*
l'eau .... *water*
l'eau minérale .... *mineral water*
l'eau plate .... *plain / still water*
l'eau gazeuse.............. *sparkling water*
l'eau du robinet............ *tap water*
le pichet à eau............. *water jug*
le jus de fruit .... *fruit juice*
le jus de fruit pressé........ *fresh fruit juice*
le jus d'orange............. *orange juice*
le jus de raisin............. *grape juice*
le jus de pomme .... *apple juice*
le jus d'ananas .... *pineapple juice*
le sirop .... *cordial*
le thé glacé................ *iced tea*
le soda .... *fizzy drink / soda*
la limonade .... *lemonade*
le coca.................... *coke / cola*
le lait..................... *milk*
le café .... *coffee*
le café noir .... *black coffee*
le café au lait.............. *coffee with milk / white coffee*
le décaféiné .... *decaffeinated coffee*
le cappuccino.............. *cappucino*
la mousse.................. *froth*
la cafetière .... *coffee pot*
le percolateur .... *coffee machine*
le thé..................... *tea*
le thé nature............... *black tea*
le thé au lait............... *tea with milk*
le thé au citron............. *tea with lemon*
le thé à la menthe.......... *mint tea*
le thé vert................. *green tea*
la théière.................. *tea pot*
le sucre .... *sugar*
l'édulcorant .... *sweetener*
un morceau de sucre .... *lump of sugar / sugar lump*
le chocolat chaud .... *hot chocolate*
la tisane .... *herbal tea*
la verveine .... *verbena*
le tilleul .... *lime blossom tea*
la camomille .... *camomile*

Adjectifs

potable .... *drinkable*
avec des glaçons .... *with ice*
sans glaçon .... *without ice*
froid .... *cold*
chaud .... *hot*
tiède .... *warm*
frais...................... *chilled*
rafraîchi................... *cooled*
frappé .... *well chilled*
glacé .... *ice-cold*
sans sucre .... *sugar free*
vide .... *empty*
plein .... *full*
fort .... *strong*
léger .... *light*

Verbes

verser .... *to pour*
boire .... *to drink*
infuser .... *to brew / to steep*
filtrer..................... *to strain*

Exercice 1 I don't speak English!

Help the waiter find what the customer wants.

Waiter: Good morning sir. What can I get you?

Customer: I'd like one coffee with milk, one without caffeine, and another without milk please.

Waiter: So that's one w _ _ _ _ _, one d _ _ _ _ _ , and one b _ _ _ _ _ .

Customer: That's right, as well as a cappuccino with lots of bubbles on top.

Waiter: So..., f _ _ _ _ on the top. Would you like that from the coffee m_ _ _ _ or in a coffee _ _ _ _ ?

Customer: The one that has the best taste of course!

Waiter: Certainly sir, and what about the children?

Customer: They'll have alcohol free beverages with no sugar.

Waiter: So, s_ _ _ _ f_ _ _ _ s_ _ _ _ d_ _ _ _ _ for the children.

Customer: How about some drinks made from fruit? What have you got?

Waiter: F_ _ _ _j_ _ _ _ .We've got f _ _ _ _ orange juice, g _ _ _ _juice, a_ _ _ _ juice, and p_ _ _ _juice.

Customer: We'll have one of each then.

Waiter: Thank you, I'll bring your order to you right away.

Exercice 2 What temperature is the drink?

Put the following words into the right order.

cold – well-chilled – cooled – hot – ice-cold – hot – chilled

_ _ _ _ _ _ / _ _ _ _ _ _ / _ _ _ _ _ _ / _ _ _ _ _ _ / _ _ _ _ _ _ / _ _ _ _ _ _ / _ _ _ _ _ _ _

Exercice 3 Spelling mistakes

Correct the spelling mistakes.

1. Would you like steel water or sparking water? Oh, just tape water please.
2. I'm afraid the water juge is empty so I cannot poor you anything to drink.
3. Just one lomp of sugar in my cup of tee please.
4. Minerale water is always drinkeable whereas tape water can be polluted.
5. Would you like your tee with limon or with milke?
6. Put the leaf tee in the tee pott and leave to broo for 1-2 minutes.
7. For fool flavour, herbel tea takes longer and should step for 3-5 minutes.
8. Strane from the tee pott to the cup through a tee straner.
9. We have fizy drinks like limonade and cola; or cordiales.
10. Do you use sweateners or sugar in menth tea and grean tea?

CORRIGÉS p. 141

29 Les boissons alcoolisées
Alcoholic drinks

Noms

les boissons alcoolisées .... *alcoholic drinks (GB) / liquor (US)*
le champagne .... *champagne*
le cocktail................. *cocktail*
la bière .... *beer*
la bière blonde............. *lager / light ale*
la bière brune.............. *stout / brown ale*
la bière rousse............. *cream ale / red ale*
la bière amère .... *bitter*
le panaché .... *shandy*
la pinte / le demi........... *pint / half-pint*
la bière à la pression .... *draught beer*
l'apéritif .... *aperitif / drink before a meal / pre-dinner drink*
le digestif.................. *liqueur*
le whisky.................... *whisky / whiskey*
le bourbon .... *bourbon*
l'eau-de-vie .... *brandy*
l'eau-de-vie de poire .... *pear brandy*
l'eau de vie de prune .... *plum brandy*
le gin .... *gin*
le porto.................... *port*
le rhum .... *rum*
le cognac .... *cognac / brandy*
le cidre .... *cider*
le Xerès.................... *sherry*
le vin .... *wine*
le vin de table .... *table wine*
le vin régional .... *local wine*
le millésime .... *vintage / year*
le vignoble .... *vineyard*
l'appellation contrôlée...... *guaranteed vintage*
le vin de Bourgogne .... *Burgundy*
le vin de Bordeaux .... *Claret*
les vendanges tardives ..... *late harvests*
la marque.................. *brand*
l'étiquette.................. *label*
une bonne année .... *a good year for wine*
un bon cru .... *a good vintage*
un grand cru .... *great vintage / grand cru*
une bonne année .... *a good year*
la température .... *temperature*
la bouteille .... *bottle*
la demi-bouteille .... *half a bottle*
le bouquet .... *bouquet / nose*

Adjectifs

rouge .... *red*
blanc...................... *white*
rosé....................... *rosé*
doux .... *sweet*
sec .... *dry*
mousseux .... *sparkling*
chambré .... *at room temperature*
tempéré .... *moderate*
puissant .... *powerful*
qui a du corps .... *full-bodied*
charpenté .... *well-structured*
bouchonné .... *corked*
avec des glaçons........... *on the rocks*
sans glaçon .... *straight up*

Verbes

déboucher une bouteille.... *to uncork a bottle*
secouer .... *to shake*
mélanger .... *to mix*
ajouter .... *to add*
faire un cocktail............ *to mix*

Exercice 1 In the pub

Choose the word from the left which goes with the words on the right.

1. You shake / uncork / mix •	• a cocktail shaker.
You shake / uncork / mix •	• a bottle of wine.
You shake / uncork / mix •	• a martini cocktail
2. Whisky / red wine / draught beer •	• is served from a cask
Whisky / red wine / draught beer •	• is often served on the rocks.
Whisky / red wine / draught beer •	• is better served at room temperature.
3. Corked / vintage / sparkling •	• wine is usually expensive.
Corked / vintage / sparkling •	• wine is good for a celebration.
Corked / vintage / sparkling •	• wine is undrinkable!

Exercice 2 What would you like to drink?

Put the word into the right column.

bitter – bourbon – brandy – champagne – cider – cream ale – draught – dry – gin – lager – port – red – rosé – rum – shandy – sherry – stout – sweet – whisky – white

Wine	Beer	Other alcoholic drinks
....	....	....
....	....	....
....	....	....
....	....	....
....	....	....
....	....	....

Exercice 3 What the wine waiter might need to know

Replace the French words by the English words.

1. According to specialists, 2012 could be *une bonne année.*
2. This vin de Bourgogne is an *appellation contrôlée* so I would highly recommend it.
3. It is a vin qui a du corps with *un bon bouquet,* just smell the aroma in the glass.
4. Would you like a whole bottle or *une demi-bouteille*?
5. I recommend this wine here because 2010 was *une bonne année* for le vin de Bordeaux.
6. Sweet dessert wines are often *vins des vendanges tardives.*
7. The millésime on a wine *étiquette* is the year the grapes were harvested in.
8. *Le vin de table* does not have a marque but it is a good régionale wine.

ENTRAÎNEZ-VOUS

CORRIGÉS p. 142

30 Le pain et les ingrédients pour desserts
Bread and dessert ingredients

Noms

le pain .... *bread*
la croûte .... *crust*
la mie...................... *soft part / crumb*
le croûton .... *crouton*
la chapelure .... *breadcrumbs*
la miche de pain .... *loaf of bread*
la baguette................. *baguette*
le pain blanc............... *white bread*
le pain brioché............. *brioche bread*
le pain complet .... *wholemeal bread*
le pain de campagne .... *country bread / farmhouse loaf*
le pain de mie .... *sandwich bread*
le pain de seigle .... *rye bread*
le pain frais .... *fresh bread*
le pain grillé.............. *toast / toasted bread*
le pain rassis .... *stale bread*
le pain au lait............. *soda bread*
le petit pain .... *bun*
le petit pain rond.......... *roll*
le dessert .... *dessert*
l'appareil (la pâte, le mélange) ...... *basic mixture*
le beurre................... *butter*
le beurre en pommade........ *softened butter*
les œufs à la neige .... *floating islands / œufs à la neige*
la farine blanche .... *white flour*
la farine complète.......... *wholemeal flour*
la farine de blé / froment.... *wheat flour*
la Maïzena .... *corn flour*
la levure chimique .... *baking powder*
la levure de boulanger ..... *yeast*
le bicarbonate de soude .... *baking soda*
le sucre cristallisé........ *granulated sugar*
le sucre en poudre .... *caster sugar*
le sucre glace.............. *icing sugar*
le sucre vanillé............ *vanilla sugar*
la cassonade / sucre roux... *soft brown sugar*
le sucre vergeoise brun ..... *dark brown sugar*
la vanille .... *vanilla*
le caramel.................. *caramel*
le miel .... *honey*
la fleur d'oranger .... *orange blossom*
le chocolat .... *chocolate*
le chocolat à cuire......... *cooking chocolate*
le chocolat au lait .... *milk chocolate*
le chocolat noir .... *plain / dark chocolate*
le chocolat blanc........... *white chocolate*
la pépite .... *chip*
le cacao.................... *cocoa*
la frangipane .... *almond paste*
le massepain .... *marzipan*
la crème .... *cream*
la crème pâtissière .... *pastry cream*
la crème chantilly / la crème fouettée......... *whipped cream*
la pâte à choux .... *choux pastry*
la pâte à crêpes............ *pancake batter*
la pâte à pain.............. *dough*
la pâte brisée.............. *shortcrust pastry*
la pâte feuilletée.......... *puff pastry*
la pâte sablée .... *rich shortcrust pastry (sweet)*
la feuille de brick......... *brick pastry*

Verbes

pétrir .... *to knead*
faire lever .... *to leaven*
tartiner .... *to spread*

Exercice 1 What kind of bread would you like?

Match the word to the definition.

I would like...

1. ... a small round piece of bread to put on my side plate.
2. ... bread which has been leavened with baking soda.
3. ... bread made wholly or partly with rye flour.
4. ... bread which has been browned and made crisp on both sides.
5. ... bread which has been made with whole wheat.
6. ... bread which has been made with finely ground, bleached flour.
7. ... bread which is just like farmhouse bread.
8. ... some bread to spread a filling between two slices of bread.

But I do not want this bread – it is _ _ _ _ _ _! Just give me a French baguette!

Exercice 2 What is wrong?

Find the odd-man out.

1. plain / milk / floating / white / chip
2. basic / granulated / brown / caster / icing
3. puff / shortcrust / brick / choux / cream
4. white / chocolate / wheat / wholemeal / corn

Exercice 3 Bread and dessert words

Unscramble the word.

1.	The outside and the inside of a loaf of bread	CSUTR and UCMRB
2.	The opposite of stale bread	SREHF
3.	Butter which has been made less hard	FEODNETS UETBRT
4.	Bread crushed up into tiny little pieces	ERDRSAUBCMB
5.	A yellow paste made of ground almonds, egg whites...	AAPMNIZR
6.	Sweet sticky stuff made by bees from nectar	NHYOE
7.	A fermenting agent to raise bread dough	ASETY
8.	Thickened egg yolks, sugar, milk and flour	ARTYPS ACMER
9.	A powder which gives a chocolaty taste	OCAOC
10.	Ground almonds with a small amount of cooking oil	ODNAML TAESP
11.	Flour and liquid for making bread and pastry	OHDGU
12.	Bicarbonate of soda	ANIGKB SADO

CORRIGÉS p. 142

31 Les principaux plats et entrées
Main courses and starters

Noms

l'andouillette . . . . *chitterling sausage*
la bisque de homard. . . . . *lobster bisque*
la blanquette de veau . . . . . . *veal blanquette / veal stew in cream sauce*
le bœuf bourguignon . . . . *beef bourguignon*
le bœuf stroganoff . . . . *beef stroganoff*
le boudin blanc . . . . *white sausage*
le boudin noir . . . . *black pudding*
la bouillabaisse. . . . . *bouillabaisse*
le bouillon . . . . *broth / stock*
la brandade de morue . . . . . . *salt cod purée*
les brochettes . . . . *kebabs*
le canard laqué . . . . *Peking duck*
le céleri rémoulade. . . . . *grated celeriac in mayonnaise*
les chips . . . . *crisps*
la choucroute garnie . . . . *sauerkraut with meat*
le civet de lièvre . . . . *jugged hare*
le confit de canard . . . . *duck preserve*
le couscous . . . . *couscous*
le croque monsieur. . . . . *croque Monsieur*
la daube . . . . *Daube / casserole*
l'escalope. . . . . *escalope*
l'escalope panée. . . . . *breaded veal escalope*
le foie gras . . . . *foie gras*
la fondue au fromage. . . . . . . *cheese fondue*
la fondue Bourguignonne . . . *Burgundy fondue / meat fondue*
les frites . . . . *French fries / chips*
le gaspacho . . . . *gazpacho*
le gratin dauphinois . . . . *gratin Dauphinois / Dauphinoise potatoes*
le hachis parmentier (agneau) . . . . *shepherd's pie*
le hachis parmentier (bœuf) . . . . *cottage pie*
la jardinière de légumes . . . . *jardinière (mixed vegetables)*
la macédoine . . . . *macédoine (mixed diced vegetables)*
les moules marinières . . . . . . *moules marinières (mussels in white wine)*
le navarin . . . . *navarin lamb*
le nem . . . . *spring roll*
le pâté en croûte. . . . . *meat pie*
les paupiettes . . . . *veal olives*
le plateau de fruits de mer . . *seafood platter*
les pommes Dauphine. . . . . . *Dauphine potatoes*
les pommes de terre (pdt) à l'eau . . . . *boiled potatoes*
les pdt au four. . . . . *baked potatoes*
les pdt en robe des champs . *jacket potatoes*
les pdt rôties . . . . *roast potatoes*
les pdt sautées . . . . *sautéed potatoes*
les pdt vapeur . . . . *steamed potatoes*
les pommes Duchesse. . . . . . *Duchesse potatoes*
le pot au feu. . . . . *pot au feu / beef stew*
le potage. . . . . *soup*
la potée. . . . . *hotpot*
la poule au pot . . . . *chicken hotpot*
la purée de pommes de terre *mashed potatoes*
la quenelle . . . . *quenelle / dumpling*
la quiche Lorraine . . . . *Quiche Lorraine / French quiche*
le ragoût. . . . . *stew / hotpot*
la ratatouille. . . . . *ratatouille*
les ris de veau . . . . *sweetbreads*
la salade du chef. . . . . *Chef's own salad*
la salade niçoise . . . . *salad niçoise*
la soupe au pistou . . . . *pistou soup*
les spaghettis Bolognaise. . . *spaghetti Bolognese*
le steak Tartare . . . . *Steak tartare*
la truite Meunière . . . . *trout Meuniere / fried trout*

Exercice 1 Beef + stroganoff = beef stroganoff

Match a word from the left column and a word from the right column to make a compound noun.

1. Cottage + hare: ....
2. Seafood + duck: ....
3. Black + pie: ....
4. Jugged + hotpot: ....
5. Spring + pie: ....
6. Chicken + preserve: ....
7. Duck + roll: ....
8. Cheese + platter: ....
9. Shepherd's + fondue: ....
10. Peking + pudding: ....

ENTRAÎNEZ-VOUS

Exercice 2 All kinds of potato

Match a word to a description.

baked – boiled – crisps – Dauphine – Dauphinoise – Duchess – French fries – jacket – mashed – Roast – sautéed – steamed

1. Potatoes cooked in the oven with fat.
2. Potatoes cooked in the oven, without fat, not necessarily served with the skin left on.
3. American synonym for chips (British English).
4. Potatoes cooked in boiling water.
5. A thin slice of potato, deep fried and then left to cool.
6. Potatoes cooked in the oven, without fat, served with the skin left on.
7. Potatoes which are boiled and then mashed up.
8. Potato mixed with choux pastry and presented in swirls.
9. Potatoes fried in butter or oil until lightly browned.
10. Often used for parties – potatoes mixed with cream and eggs, piped into decorative swirls.
11. Potatoes cooked in the vapour above boiling water.
12. Thinly sliced potatoes baked in milk and other ingredients.

Exercice 3 Vegetables, salads and a liquid diet

Find 12 words in the word snake.

pistousoupmixedvegetablesbouillabaissegratedceleriacchefsownsaladgazpacho brothlobsterbisquestockratatouillemixeddicedvegetablessaladniçoise

CORRIGÉS p. 143

32 Les principaux desserts
The most common desserts

Noms

le dessert .... *pudding / dessert / sweet*
le baba au rhum .... *rum baba*
les bananes flambées ...... *banana flambé*
le Bavarois .... *Bavarian cake*
le beignet .... *fritter*
les biscuits à la cuiller ...... *sponge fingers / ladyfingers*
les biscuits secs .... *biscuits / cookies*
la bûche de Noël .... *Christmas log*
la bûche glacée .... *ice-cream log*
le caramel .... *caramel*
la charlotte aux fraises ...... *strawberry charlotte*
le chausson aux pommes ... *apple turnover*
le chou .... *puff*
le chou à la crème .... *cream puff*
le clafoutis .... *clafoutis*
la compote de fruits .... *stewed fruits / compote*
la crème anglaise .... *custard*
la crème au caramel .... *crème caramel / caramel cream*
la crème brûlée .... *crème brûlée*
la crème renversée .... *custard cream mould*
la crêpe .... *pancake / crêpe*
le diplomate .... *trifle*
l'éclair .... *eclair*
le flan .... *custard tart*
le fondant au chocolat ...... *chocolate fondant cake*
la Forêt-Noire .... *black Forest gateau*
le fraisier .... *strawberry cream cake*
la galette des rois .... *cake with almond cream eaten on Twelfth Night*
le gâteau .... *cake*
le gâteau au chocolat .... *chocolate cake*
la gaufre .... *waffle*
la glace .... *ice-cream*
l'île flottante .... *floating island*
les langues de chat .... *langues de chat*
le macaron .... *macaroon*
le marron glacé .... *candied chestnut / marron glacé*
la meringue .... *meringue*
le mille feuilles .... *Mille-Feuille / Napoleon*
le moka (café) .... *mocha*
la mousse au chocolat ...... *chocolate mousse*
le nougat .... *nougat*
l'omelette norvégienne ..... *baked Alaska*
l'opéra .... *opera / Light chocolate and coffee cake*
les oreillettes .... *Oreillettes (light, thin waffles)*
le pain d'épices .... *gingerbread*
le pain perdu .... *French toast / eggy bread*
le parfait glacé au café ...... *coffee ice-cream dessert*
le Paris Brest .... *Paris-Brest*
la pêche Melba .... *peach Melba*
la pièce montée .... *tiered cake*
la poire Belle Hélène .... *pear Belle Hélène*
la profiterole .... *profiterole*
le riz au lait .... *rice pudding*
le sabayon .... *zabaglione*
le sablé .... *shortbread*
le Saint Honoré .... *Saint Honoré*
la salade de fruits .... *fruit salad*
le sorbet .... *sorbet / sherbet*
la tarte .... *tart (pâte en dessous) / pie (pâte au-dessus)*
la tarte aux pommes .... *apple tart / apple pie*
la tarte Tatin .... *tarte tatin*
la tartelette .... *tartlet*
le tiramisù .... *tiramisu*
la truffe au chocolat .... *chocolate truffle*
le vacherin .... *vacherin*

Exercice 1 What's on the dessert menu?

Put a name in the place of the description.

THE SWEET TROLLEY

1. Sponge cake soaked in rum / fruit juice, topped with fruit and custard.
2. Bread which is coated in egg and milk and then fried.
3. Apples with pastry underneath, served with a sweet sauce made with milk, eggs and sugar.
4. Light pastry with a cream filling.
5. An Italian dessert made with whipped egg yolks, sugar and Marsala wine.
6. Frozen lemon, sugar and water.
7. A yuletide dessert made with ice cream.
8. Custard, whipped cream and gelatine mixed together.
9. Apple, coated in batter, and deep fried.
10. A gooey-centred chocolate cake.

Exercice 2 Something more for a sweet tooth

Match a word from column A with a word from column B to make a dessert.

A	B	
1. Baked	a. island	_ _ _ _ _ _ _ _ _ _ _ _ _ _ _ _ _ _
2. Apple	b. pudding	_ _ _ _ _ _ _ _ _ _ _ _ _ _ _ _ _ _
3. Chocolate	c. fruit	_ _ _ _ _ _ _ _ _ _ _ _ _ _ _ _ _ _
4. Fruit	d. Alaska	_ _ _ _ _ _ _ _ _ _ _ _ _ _ _ _ _ _
5. Floating	e. melba	_ _ _ _ _ _ _ _ _ _ _ _ _ _ _ _ _ _
6. Rice	f. truffle	_ _ _ _ _ _ _ _ _ _ _ _ _ _ _ _ _ _
7. Chocolate	g. cream	_ _ _ _ _ _ _ _ _ _ _ _ _ _ _ _ _ _
8. Peach	h. mousse	_ _ _ _ _ _ _ _ _ _ _ _ _ _ _ _ _ _
9. Stewed	i. turnover	_ _ _ _ _ _ _ _ _ _ _ _ _ _ _ _ _ _
10. Caramel	j. salad	_ _ _ _ _ _ _ _ _ _ _ _ _ _ _ _ _ _

Exercice 3 Time for tea

Fill in the missing word.

1. A _ _ _ _ _ _ _ _ is a cookie made with egg whites and almonds.
2. A _ _ _ _ _ _ _ _ is traditionally served with Maple Syrup.
3. _ _ _ _ _ _ _ _ is a buttery, rich kind of cookie.
4. Small children just love _ _ _ _ _ _ _ _, also known as ladyfingers.
5. _ _ _ _ _ _ /_ _ _ _ _ _ is a general term for all kinds of little round, flat cakes.
6. _ _ _ _ _ _ _ _ is a chocolate, cream and cherry cake named after a wooded area in southwest Germany.
7. Take a brown nut from a tree, add sugar, water and vanilla extract and you get _ _ _ _ _ _ _ _.
8. According to a children's story, houses can be made of spicy _ _ _ _ _ _ _ _.

CORRIGÉS p. 143

33 Les beurres et les sauces
Butters and sauces

Noms

la sauce.................... *sauce*
l'émulsion.................. *emulsified sauce*
la marinade .... *marinade*
le dip...................... *dip*
le fond..................... *stock*
le jus de viande .... *gravy*
le grumeau................. *lump*
le beurre fondu .... *melted butter*
le beurre noisette / noir..... *brown butter sauce*
le beurre blanc............. *white butter sauce*
le beurre roux .... *roux*
le beurre d'escargots / persillé.................. *parsley and garlic butter*
le beurre maître d'hôtel..... *maître d'hôtel butter*
l'aïoli...................... *garlic flavoured mayonnaise*
l'anchoïade .... *anchovy paste*
le caviar d'aubergine .... *aubergine dip*
le chutney aux oignons ..... *onion chutney*
le coulis de tomate......... *tomato coulis*
le guacamole.............. *avocado dip / guacamole*
la mayonnaise............. *mayonnaise*
le pistou .... *basil and parsley sauce*
le rougail.................. *rougail*
la rouille .... *rouille / fish soup sauce*
la sauce aigre-douce .... *sweet and sour sauce*
la sauce à l'ail .... *garlic sauce*
la sauce américaine .... *sauce americaine*
la sauce au poivre.......... *pepper sauce*
la sauce au raifort.......... *horseradish sauce*
la sauce au Roquefort ...... *Roquefort sauce*
la sauce au vin blanc .... *white wine sauce*
la sauce au vin rouge....... *red wine sauce*
la sauce aux câpres .... *caper sauce*
la sauce barbecue.......... *barbecue sauce*
la sauce béarnaise .... *béarnaise sauce*
la sauce béchamel .... *béchamel*
la sauce blanche........... *white sauce*
la sauce bolognaise .... *bolognese sauce*
la sauce carbonara......... *carbonara sauce*
la sauce chasseur.......... *hunter sauce / mushroom and wine sauce*
la sauce gribiche........... *gribiche sauce / vinaigrette, egg, gherkin sauce*
la sauce hollandaise........ *hollandaise sauce*
la sauce Madère .... *madeira sauce*
la sauce Mornay .... *mornay sauce / cheese sauce*
la sauce moutarde .... *mustard sauce*
la sauce piquante .... *piquant sauce*
la sauce rémoulade .... *remoulade sauce*
la sauce soja .... *soy sauce*
la sauce tartare............ *tartar sauce*
la sauce tomate............ *tomato sauce*
la vinaigrette .... *French dressing*

Adjectifs

grumeleux .... *lumpy*
lisse .... *smooth*
liquide .... *liquid*

Verbes

remuer .... *to stir*
fouetter .... *to whip*
détendre / allonger .... *to thin out / to extend*
déglacer .... *to deglaze*
épaissir .... *to thicken*
délayer .... *to mix with a liquid*
mariner .... *to marinate*

Exercice 1 Don't get confused

Choose the right answer.

1. This sauce is full of little bits – it's too ...
a. grumpy b. lumpy c. bumpy

2. ... sauce is often served with beef in England.
a. Ponyradish b. Horseradish c. Raifortradish

3. The sauce made with the juices from cooking meat.
a. Groovy b. Gravvy c. Gravy

4. This sauce has both sugary and salty flavours.
a. Sweet and sour b. Sugar and salt c. Sweet and salty

5. This sauce is nice and creamy – it's...
a. smooth b. lissy c. smoothy

6. This sauce is made with fermented soya beans.
a. Soya sauce b. Soy sauce c. Soja sauce

7. A flavoured and simmered liquid preparation.
a. Stock b. Stick c. Stuck

8. Sauce which is usually used to put on salads.
a. Vinegary dressing b. Frenchie c. French dressing

9. The opposite of solid is...
a. liquid b. liquide c. liquidy

10. A brown sauce with mushrooms and white wine is called a...
a. huntsman's sauce b. hunting sauce c. hunter sauce

Exercice 2 What on earth is he doing?

Find the verb which fits the description.

1. Putting the meat to soak in a liquid mixture with herbs etc.
2. Blending ingredients with liquid.
3. Adding liquid to make the sauce more runny.
4. Diluting meat sediments in a pan to make gravy.
5. Beating the sauce hard to make sure there are no lumps.
6. Gently mixing the sauce so everything comes together.
7. Making the sauce less liquid with corn flour or something.

Exercice 3 Almost the same as in French.

Many "sauce" words are almost the same as in French (often you just have to change the order – Sauce au Roquefort = Roquefort sauce. Decide if the translation is almost the same "S", or different "D".

1. Persillé 2. Roux 3. Aïoli
4. Coulis de tomate 5. Anchoïde 6. Pistou

ENTRAÎNEZ-VOUS

CORRIGÉS p. 144

34 Les verbes culinaires (A → C)
Cookery verbs (A → C)

Verbes

abaisser (la pâte) .... *to roll out*
absorber .... *to absorb*
accommoder .... *to make / to prepare (sauce) / to dress (salad)*
accompagner.............. *to go with*
affiner .... *to mature*
agiter .... *to shake*
aider .... *to help*
aiguiser .... *to sharpen*
ajouter .... *to add*
allonger .... *to extend (sauce) / to thin out*
allumer (four)............. *to turn on*
allumer (feu) .... *to light*
aromatiser .... *to flavour*
arrêter .... *to stop*
arroser .... *to baste*
assaisonner .... *to season (with)*
attendre .... *to wait*
avoir besoin de .... *to need*
badigeonner .... *to brush over*
barder .... *to bard*
battre .... *to beat / to whisk*
beurrer .... *to butter*
blanchir .... *to blanch*
boire .... *to drink*
bouillir .... *to boil*
braiser .... *to braise*
brider .... *to truss*
broyer .... *to grind*
brûler .... *to burn*
cailler .... *to curdle*
caraméliser .... *to caramelize*
casser .... *to break*
chauffer................... *to heat*
ciseler .... *to chop finely*
clarifier .... *to clarify*
coller .... *to stick*
colorer .... *to colour*
concasser .... *to crush*
condimenter .... *to season / to condiment*
confectionner .... *to prepare / to make*
confire .... *to candy / to crystallize / to preserve*
congeler .... *to freeze / deep freeze*
conserver .... *to keep*
contenir .... *to contain*
couper .... *to cut*
couper menu .... *to cut finely*
couper en dés .... *to dice*
couper en morceaux .... *to cut into pieces*
couper en rondelles / en tranches.............. *to slice*
couper en julienne .... *to cut into sticks*
couvrir .... *to cover (with)*
cuire .... *to cook*
cuire à blanc............... *to blind bake / bake blind*
cuire à la broche .... *to spit-roast*
cuire à la vapeur .... *to steam*
cuire à l'étouffée........... *to steam / to braise*
cuire au bain marie......... *to cook in a bain marie*
cuire au four .... *to bake*
cuisiner .... *to cook*

Exercice 1 What do you do with a...?

Find the verb which goes with the clues.

1. grindstone / knife
2. salt / pepper / sprinkle
3. double saucepan / vapour
4. meat / oven / pour / juices
5. water / thirst / quench
6. milk / curds / lumps
7. cut / julienne / vegetables
8. fry / stew /cover / lid
9. poultry / tie up / legs / wings
10. ice / minus 18°C / frozen food

Exercice 2 Turn on the oven but light a fire

Choose the right answer.

1. *Clarify / clear* the butter to remove the milk solids and water.
2. *Bard over / brush* over with egg yolk to give a shiny finish to the pastry.
3. *Whisker / whisk* the egg whites until they are firm.
4. The chives are to be *chiselled / chopped* finely then added to the sauce.
5. *Dice / cleave* the vegetables into small cubes, then steam.
6. White *bake / blind* bake the pastry before adding the filling.
7. *Blanch / whiten* the fresh vegetables before freezing.
8. *Shake / agitate* the chicken in the bag to make sure the breadcrumbs are attached.
9. What do you *aromatise / flavour* that delicious ice cream with?
10. *Candy / preserve* the vegetables in airtight jars.

Exercice 3 What are you thinking of?

Match a verb to a thought bubble.

bake – burn – crush – go with – heat – roll out – slice – wait

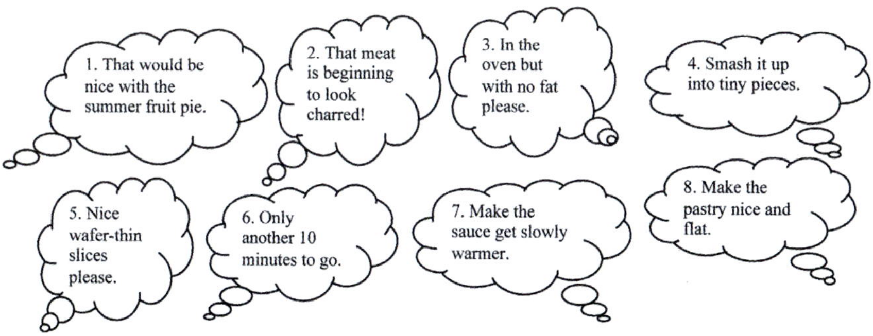

CORRIGÉS p. 144

35 Les verbes culinaires (D → L)
Cookery verbs (D → L)

Verbes

débarrasser la table .... *to clear the table*
déborder .... *to boil over*
décongeler................ *to thaw / to defrost*
découper.................. *to carve*
déglacer .... *to deglaze*
dégorger .... *to sweat*
dégraisser .... *to remove the fat*
déguster.................. *to taste (wine) / to enjoy (meal)*
démouler .... *to turn out of the mould*
dénerver.................. *to remove the nerves*
dénoyauter .... *to stone*
dépecer .... *to cut up / to joint*
désosser .... *to bone*
diluer .... *to dilute*
dorer .... *to brown / to glaze*
dorer à l'œuf .... *to glaze*
dresser .... *to set / to arrange*
écailler .... *to scale*
écaler .... *to shell*
écosser .... *to shell / to pod*
écraser .... *to crush / to squash*
écrémer .... *to skim*
égoutter .... *to drain*
émietter .... *to crumble*
épaissir .... *to thicken*
épépiner.................. *to seed*
éplucher.................. *to peel*
équeuter .... *to remove the stalk*
essuyer .... *to wipe*
étaler .... *to spread (out) / to lay (out)*
étuver .... *to stew / to steam / to braise*
évider .... *to core*
faire des grumeaux......... *to go lumpy*
faire frémir .... *to simmer*
faire la vaisselle .... *to do the dishes / to do the washing-up*
faire revenir .... *to brown*
farcir .... *to stuff*
fariner .... *to flour / to dust*
filtrer .... *to filter*
flamber .... *to flame / to flambé*
fondre .... *to melt*
fouetter .... *to whip*
fourrer .... *to fill (with)*
frire .... *to fry*
garnir .... *to garnish (with)*
gaspiller .... *to waste*
gâter .... *to spoil*
geler .... *to freeze*
glacer .... *to ice / to glaze / to frost*
gratiner .... *to cook au gratin*
griller .... *to toast (bread) / to grill*
goûter .... *to taste*
hacher .... *to mince / to chop*
huiler .... *to oil*
incorporer .... *to incorporate*
laisser reposer............. *to leave aside*
larder .... *to bard*
laver .... *to wash*
lever .... *to leaven*
lier une sauce .... *to thicken a sauce*

Exercice 1 **Missing letters**

Add a consonant to find the word / expression.

1. Dorer = _ _ O _ _
2. Gâter = _ _ O _ _
3. Faire des grumeaux = _ O _ U _ _ _
4. Égoutter = _ _ A I _
5. Écailler = _ _ A _ E
6. Écraser = _ _ U A _ _
7. Équeuter = _ E _ O _ E _ _ E _ _ A _ _
8. Diluer = _ I _ U _ E
9. Démouler = _ U _ _ OU _ O _ _ _ E _ O U _ _
10. Fourrer = _ I _ _ (_ I _ _)

Exercice 2 **Word search**

Find as many cooking verbs / expressions as you can in the table below (22 across and 19 down). Can you find an expression lost in the word puzzle?

A	N	S	E	A	W	H	I	P	B	J	C	E	S	T	E	A	M	D	E
S	H	E	L	L	E	D	D	E	F	R	O	S	T	D	E	R	K	E	G
I	K	E	E	O	B	T	S	E	J	E	R	A	U	D	L	H	K	O	T
M	L	D	X	E	B	O	I	L	O	V	E	R	F	X	A	R	S	R	F
M	I	N	C	E	A	A	C	E	I	J	O	O	F	R	Y	P	T	C	L
E	C	O	R	K	D	S	C	R	L	P	K	E	D	W	O	B	O	N	E
R	E	M	O	V	E	T	H	E	N	E	R	V	E	S	U		N		A
S	N	E	R	R	H	J	O	L	T	F	C	Y	Z	C	T	R	E	Z	V
D	J	L	C	Y	P	W	L	R	H	K	T	O	R	F	F	L	A	M	E
D	O	T	H	E	W	A	S	H	I	N	G	U	P	D	C	D	R	J	A
E	Y	C	X	D	R	S	F	J	C	C	R	R	R	K	W	R	F	C	S
G	A	R	N	I	S	H	P	S	K	I	M	N	T	H	A	W	B	F	I
L	F	U	Z	N	R	C	S	R	E	N	K	R	C	J	S	X	H	R	D
A	Z	M	C	R	W	J	W	R	N	J	C	R	F	P	T	A	S	T	E
Z	A	B	D	H	I	C	E	C	A	R	R	A	N	G	E	R	H	R	U
E	G	L	J	R	P	C	A	R	S	M	I	O	L	L	C	R	M	C	R
F	R	E	E	Z	E	C	T	B	A	R	D	X	C	A	R	V	E	D	J
D	I	C	K	R	G	U	I	P	U	O	K	L	T	Z	R	T	A	R	R
U	L	E	A	V	E	N	C	R	C	U	T	U	P	E	X	E	L	F	J
Q	L	F	M	E	A	R	L	D	E	B	R	K	R	K	R	J	E	R	F

ENTRAÎNEZ-VOUS

CORRIGÉS p. 144

36 Les verbes culinaires (M → Z)
Cookery verbs (M → Z)

Verbes

macérer .... *to macerate*
manger .... *to eat*
mariner .... *to marinate*
mélanger .... *to mix / to blend*
mesurer .... *to measure*
mettre de côté .... *to put aside*
mettre en réserve .... *to store*
mijoter .... *to simmer*
monter des oeufs en neige .. *to whisk up egg whites*
moudre .... *to grind / to mill (coffee)*
mouler .... *to mould*
napper .... *to coat*
nettoyer .... *to clean*
noircir .... *to blacken*
paner .... *to coat with breadcrumbs*
passer au tamis .... *to sieve*
peler .... *to peel*
persiller .... *to sprinkle with chopped parsley*
peser .... *to weigh*
pétrir .... *to knead*
piler .... *to pound*
plier .... *to fold*
plumer .... *to pluck*
pocher .... *to poach*
poêler .... *to fry*
poivrer .... *to pepper*
porter à ébullition .... *to bring to the boil*
pourrir .... *to go bad / to go mouldy*
préparer .... *to prepare*
présenter .... *to present*
racler .... *to scrape*
rafraîchir .... *to chill / to cool*
ramollir .... *to soften*
râper .... *to grate*
réchauffer .... *to reheat*
recuire .... *to recook*
réduire .... *to reduce*
refroidir .... *to cool*
relever (sauce) .... *to add seasoning or spice*
remplacer .... *to replace*
remplir .... *to fill*
remuer .... *to stir*
renverser .... *to spill*
réserver .... *to reserve*
retirer .... *to remove*
rissoler .... *to brown / to fry*
rôtir .... *to roast*
roussir .... *to brown*
saisir .... *to fry quickly (meat)*
saler .... *to salt*
saucer .... *to cover with sauce*
saupoudrer .... *to sprinkle*
sécher .... *to dry*
sentir (odeur) .... *to smell*
solidifier .... *to solidify*
stériliser .... *to sterilize*
tamiser .... *to sieve*
tartiner .... *to spread*
verser .... *to pour*
vider .... *to empty*

Exercice 1 What do you do with what?

Match the beginning to the end of the collocation.

1. Bring... •	• ... quickly
2. Whip up... •	• ... sauce
3. Grind ... •	• ... breadcrumbs
4. Cover with ... •	• ... seasoning or spice
5. Sprinkle... •	• ... egg whites
6. Go... •	• ... with parsley
7. Add... •	• ...water to the boil
8. Fry the meat... •	• ... bad / mouldy
9. Put the sauce... •	• ... coffee
10. Coat with... •	• ... aside

Exercice 2 More cooking tips

Fill in the missing word.

1. You have to _ _ _ _ _ _ the dough hard to make good pizza pastry.
2. It is a good idea to _ _ _ _ _ _ _ dry foods in the same place.
3. _ _ _ _ _ _ _ _ the chicken in the oven for at least one hour.
4. Slowly _ _ _ _ _ _ _ _ the gravy over the thinly sliced meat.
5. Boil the sauce base hard to _ _ _ _ _ _ _ the quantity of liquid.
6. _ _ _ _ _ _ _ _ the choux pasty with ice cream or whipped cream.
7. _ _ _ _ _ _ _ _ the white pith off the lemon peel.
8. To make mixing easier, _ _ _ _ _ _ _ _ the butter beforehand.
9. To make a light cake, remember to _ _ _ _ _ _ _ _ the flour well.
10. Please remember to _ _ _ _ _ _ _ _ the food before putting it in the fridge.

Exercice 3 A simple supper recipe

Untangle the words in the recipe.

Ingredients: Mixed, fresh vegetables; 1 egg per person; cheese.
You do not need to ESEARUM the quantities.

EPEL the vegetables.
RBGNI the water OT HTE OIBL.
ETMAS the vegetables over the boiling water, EREVOM, and TUP ESDIA.
RTGEA the cheese.
FYR or OHPCA the eggs.
RHTEAE, PERPEP and ASTL the vegetables.
RNEPTSE on individual ovenproof dishes.
RNLPEKIS the grated cheese over.
RNBWO under the grill before serving.

CORRIGÉS p. 145

37 Les arts de la table : la vaisselle
Crockery and tableware

Noms

les arts de la table .... *tableware*
la vaisselle .... *crockery*
l'assiette.................. *plate*
l'assiette plate............. *dinner plate*
l'assiette creuse .... *soup plate*
l'assiette à dessert......... *dessert plate*
l'assiette à pain............ *side plate*
la cloche .... *plate cover*
le verre .... *glass*
le verre à pied .... *stemmed glass*
le verre à eau............... *water glass*
le verre à vin............... *wine glass*
le verre à cognac............ *brandy glass*
le verre à whisky........... *Tumbler*
le verre à liqueur........... *liqueur glass*
la flûte à champagne .... *Champagne glass*
la chope .... *mug*
le bol..................... *bowl*
la tasse (grande)........... *teacup*
la tasse (petite)............ *coffee cup*
le dessous de verre......... *coaster*
le pichet .... *jug*
la bouteille................ *bottle*
la carafe .... *carafe*
la paille................... *straw*
la glace .... *ice*
la glace pilée .... *crushed ice*
le glaçon................... *ice cube*
le seau à glace............. *ice bucket*
le seau à vin............... *wine bucket*
le seau à Champagne....... *Champagne bucket*
le plat .... *dish*
le plat à viande .... *meat dish*
le plat à poisson .... *fish dish*
le plat à tarte .... *cake dish / pie dish*
l'assiette à service .... *serving dish*
la soupière .... *soup tureen*
le plateau de fruits de mer . . *seafood tray / platter*
le porte-plateau
de fruits de mer .... *seafood tray stand*
le rince-doigts .... *finger bowl*
le saladier................. *salad bowl*
la saucière .... *sauce boat*
la cloche à fromage .... *cheese cover*
le plateau à fromages ...... *cheese board*
la corbeille à pain .... *bread basket*
le coquetier .... *egg cup*

Verbes

dresser la table .... *to lay the table*
mettre la table............. *to set the table*
débarasser .... *to clear the table*
essuyer .... *to wipe*

Exercice 1 Laying the table

Label the diagram.

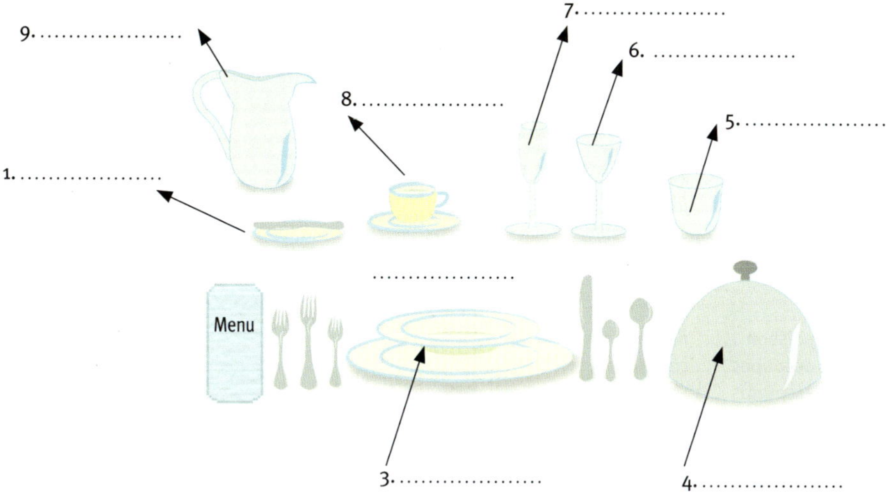

Exercice 2 What do you put it (/them) in or on?

Choose the right dish for the object.

1. Soup ________________
2. Meat / fish / cake ________________
3. Salad ________________
4. Cheese (under) ________________
5. Bread ________________
6. Finger ________________
7. Sauce ________________
8. Egg ________________
9. Cheese (on top) ________________
10. Food to put on the table ________________
11. Ice / wine / champagne ________________
12. Seafood ________________

Exercice 3 What does the waiter have to do?

Translate the following sentences.

1. Tout d'abord, il doit dresser / mettre la table avant que les dîneurs arrivent.
2. Ensuite il doit les servir pendant le repas avec le sourire.
3. Quand ils sont partis, il doit débarrasser la table.
4. Bien sûr, il ne doit pas oublier d'essuyer la table quand il a fini.

CORRIGÉS p. 146

38 Couverts et décoration
Cutlery and decoration

Noms

les couverts . . . . *cutlery*
les couverts en argent . . . . . . *silver cutlery*
l'argenterie. . . . . *silverware*
le couteau. . . . . *knife*
le couteau à poisson . . . . *fish knife*
le couteau à fromage . . . . *cheese knife*
le porte-couteau . . . . *knife rest*
la pelle à gâteau . . . . *cake slice*
la fourchette. . . . . *fork*
la fourchette à poisson . . . . . *fish fork*
la fourchette à découper . . . . *carving fork*
la fourchette à escargots. . . . *snail fork*
la fourchette à gâteaux . . . . . *pastry fork*
la fourchette à dessert. . . . . . *small fork*
la fourchette de service. . . . . *serving fork*
le cure-dents . . . . *toothpick*
la cuiller . . . . *spoon*
la cuiller à soupe. . . . . *soup spoon*
la cuiller à dessert . . . . *dessert spoon*
la cuiller à café. . . . . *tea spoon*
la cuiller de service. . . . . *serving spoon*
les couverts de service . . . . . *serving spoons*
la louche. . . . . *ladle*
la pince à sucre . . . . *sugar tongs*
la pince à escargots . . . . *snail tongs*
le casse-homard . . . . *lobster cracker*
le dessous de plat . . . . *table mat*
la nappe . . . . *table cloth / table linen*
la sous-nappe . . . . *table cover*
le set de table . . . . *table mat*
la serviette de table . . . . *table napkin*
la serviette en tissu (lin) . . . . *linen napkin*
la serviette en papier . . . . . . *paper napkin*
le rond de serviette . . . . *napkin ring*
l'étui à serviette . . . . *napkin holder*
la bougie . . . . *candle*
la salière. . . . . *salt-cellar*
le poivrier . . . . *pepper pot*
le moutardier . . . . *mustard pot*
l'huilier . . . . *oil bottle*
le vinaigrier . . . . *vinegar bottle*
le beurrier . . . . *butter dish*
le numéro de table . . . . *table number*
le bougeoir . . . . *candlestick*
le chandelier . . . . *chandelier*
le cendrier . . . . *ashtray*
le vase. *vase*
le bouquet . . . . *bouquet*
les fleurs fraîches . . . . *newly cut flowers*
les fleurs artificielles . . . . *artificial flowers*

Adjectifs

infroissable . . . . *non-crease*
facile d'entretien . . . . *easy to clean*
propre . . . . *clean*
sale . . . . *dirty*

Verbes

plier . . . . *to fold*
ranger . . . . *to put away*
aller chercher . . . . *to go and get / fetch*
emporter . . . . *to take away*
manquer . . . . *to miss*

Exercice 1 Cutlery

Fill in the word puzzle.

1	D	_	_	_	_	_	_	S	_	_	_	_				
2		F	_	_	_	K	_	_	_	_						
3					L	_	_	_	_							
4					S	_	_	_	_	_	_	S	_	_	_	_
5					C	_	_	_	S	_	_	_	_			
6			K	_	_	_	_	R	_	_	_					
7	L	_	_	_	_	_	_	C	_	_	_	_	_	_		
8						S	_	_	_	S	_	_	_	_		
9					T	_	_	_	_	_	_	_	_			
10				S	_	_	_	_	T	_	_	_	_			
11			C	_	_	_	_	_	K	_	_	_	_			
12						C	_	_	_	_	_	_	F	_	_	_
13			P	_	_	_	_	_	F	_	_	_				

1. For eating pudding with.
2. For cutting fish.
3. For serving soup.
4. For serving vegetables and other dishes.
5. For serving a cake.
6. For putting your knife down on.
7. For opening a lobster.
8. For eating soup (without slurping!).
9. For cleaning your teeth.
10. For holding the snail shell.
11. For cutting some cheese.
12. For holding the meat while carving.
13. For eating pastries.

Hidden word: **a more general term.**

Exercice 2 Table linen

Replace the French words in the sentences by English words.

1. Oh dear, I've spilt my drink, could you *aller chercher* a new *serviette de table* for me please?
2. It's easier to have *infroissable* table linen, especially the nappe.
3. I prefer a *serviette en lin* to a *serviette en papier.*
4. We chose these *sets de table* because they are *faciles d'entretien.*
5. A nice silver *rond de serviette* on the table is what is *manquant.*

Exercice 3 On the table

Choose the odd man out.

1. salt cellar / pepper pot / table number / mustard pot
2. ashtray / candlestick / candle / chandelier
3. newly cut flowers / vase / bouquet / artificial flowers
4. oil bottle / napkin holder / vinegar bottle / butter dish

CORRIGÉS p. 147

39 Le cadre, les locaux, le mobilier
The setting, the premises, the furnishings

Noms

le cadre .... *setting*
le couloir .... *corridor*
l'entrée .... *entrance*
la porte .... *door*
la fenêtre .... *window*
la porte-fenêtre .... *French window*
les volets .... *shutters*
le store .... *blind*
le rideau .... *curtain*
le sol .... *floor (inside) / ground (outside)*
le plancher .... *floor*
le tapis .... *rug*
la moquette .... *carpet*
le mur .... *wall*
le plafond .... *ceiling*
les locaux .... *premises*
la salle de restaurant .... *dining-room*
le salon particulier .... *private room*
la terrasse .... *terrace*
le hall .... *lobby*
l'étage .... *floor*
la cuisine .... *kitchen*
la cave .... *cellar*
la cave à vin .... *wine cellar*
les WC .... *lavatory / toilet (GB) / restroom (US)*
le lavabo .... *basin (GB) / washbasin (US)*
la salle à manger........... *dining-room*
la cheminée .... *fireplace*
le radiateur .... *radiator*
le ventilateur .... *fan*
la sortie (de secours) .... *(emergency) exit*
un meuble .... *a piece of furniture*
la table .... *table*
la table basse .... *coffee table*
la table d'angle .... *corner table*
la table à desservir......... *side table*
la table roulante .... *trolley*
la chaise .... *chair*
le siège .... *seat*
le fauteuil .... *armchair*
le tabouret .... *stool*
le pouf .... *pouf*
la chaise haute (bébé) ...... *high chair / baby chair*
le coussin .... *cushion*
le buffet .... *sideboard*
le porte-manteau (au mur) .. *coat rack*
le porte-chapeaux.......... *hat stand*
le perroquet (porte-manteau) *coat stand*
le porte-parapluie.......... *umbrella stand*

Adjectifs

raffiné .... *elegant / refined / smart*
classique .... *traditional*
moderne .... *modern*
calme .... *quiet*
bruyant .... *noisy*
ombragé .... *shady*
ensoleillé .... *sunny*
privé .... *private*
carré .... *square*
rond .... *round*
rectangulaire .... *rectangular*

Exercice 1 Mind mapping

Put the following words into the right column.

coat – coat – coffee – corner – hat – plate – side – umbrella

Rack	Table	Stand
....	....	....
....	....	....
....	....	....

Exercice 2 Use your memory and think hard!

First, take a long hard look at the vocabulary list. Then turn the page over so you cannot see the list. Think of as many words from the list as you can related to:

1. Something you can sit on. (6 words)
2. A room in a building. (6 words)
3. A piece of furniture other than a table. (1 word)
4. Words related to the floor and the windows. (5 words)

Exercice 3 A perfect setting

Complete the letter.

Dear Janie

I just had to write and tell you all about the amazing restaurant we went to the other day. It was so romantic – a really raffiné restaurant with very moderne decoration.

First we had a drink outside on the terrasse – barry chose a carrée ombragée table because it was hot and ensoleillé.

Then we went through a porte-fenêtre, into the hall, along a couloir, through a porte, and into the restaurant on the rez-de-chaussée. What luxury! We had a rond table in a calme corner near a cheminée. Of course, it was very hot so it wasn't lit, and we needed a ventilateur really. There was a very bruyant crowd the other side of the restaurant near the sortie (de secours) but they didn't bother us much.

Guess what – barry got on his knees on the plancher and popped the question! I've got the most beautiful diamond ring to show you when we meet on friday!

With love

Betty

CORRIGÉS p. 147

40 L'accueil de la clientèle et la prise de commande
Welcoming the customer and taking orders

Noms

le client .... *guest*
l'homme .... *man / gentleman*
la femme.................. *woman / lady*
le couple .... *couple*
le mari .... *husband*
l'épouse .... *wife*
l'enfant .... *child (pl. children)*
la fille (l'enfant de)......... *daughter*
le fils .... *son*
la fille .... *girl*
le garçon .... *boy*
les petits-enfants .... *grandchildren*
les grands-parents .... *grandparents*
le bébé .... *baby*
la famille .... *family*
les personnes âgées .... *elderly people*
l'habitué.................. *patron / a regular*
le groupe .... *group*
l'étranger .... *foreigner*
le réceptionniste........... *receptionist*
le portier .... *porter*
le vestiaire .... *cloakroom attendant*
le maître d'hôtel .... *head waiter*
le chef de rang .... *chef de rang*
le serveur .... *waiter*
la serveuse .... *waitress*
le sommelier .... *wine waiter*
le barman .... *barman*
la barmaid .... *barmaid*
le bon de commande .... *order form (individual) / purchase order (business)*
le cahier de bons .... *order book*
le double / le duplicata ..... *duplicate*
le service .... *service*
le nombre de couverts...... *number of covers*
le numéro de table .... *table number*

Adjectifs

seul .... *alone*
handicapé .... *handicapped / disabled*
en vacances .... *on holiday*
poli .... *polite*
impoli .... *rude*
disponible .... *helpful*
patient .... *patient*
habile / adroit .... *skilful*

Verbes

accueillir .... *to welcome*
faire une réservation .... *to make a reservation / to book*
montrer le chemin.......... *to show the way*
raccompagner à la porte .... *to see to the door*
tenir la chaise .... *to hold the chair*
commander .... *to order*
conseiller .... *to advise*
prendre une commande .... *to take an order*
choisir .... *to choose*
prendre un plat .... *to have a dish*
avoir faim .... *to be hungry*
avoir soif .... *to be thirsty*
envoyer les plats .... *to send out orders*

Exercice 1 Who are all these people?

Find the word to match the definition.

The people who work in the restaurant / hotel

1. The man who serves you at table.
2. The woman who serves you at table.
3. The person who takes your wine order.
4. The woman serving behind the bar.
5. The man serving behind the bar.
6. The person who takes and looks after your coat / umbrella, etc.
7. The person who carries your suitcase and bags for you.
8. The person who welcomes you, checks you in, and gives you your table / room.

The guests

1. Someone who comes from a different country.
2. People who are of a certain age.
3. Another word for a man and woman.
4. People who come as a pair.
5. People who are all related to each other.
6. Parents and their offspring (girl and boy), with a very young child who may need a high chair.
7. Someone who comes regularly to the restaurant.
8. The children of your children with the parents of your parents.

Exercice 2 What were the customers and the waiters like?

Find a suitable adjective to match the description.

1. The waiter was so P_ _ _ _ _ _ _ _. He showed me the way to the table, and held my chair for me.
2. It took me such a long time to choose what I wanted to eat. Luckily the waitress was very P _ _ _ _ _ _ _ _ and waited for ages to take my order.
3. I thought M. Percy had booked for 2 people, but in the end he came A_ _ _ _ _ _ _ _ – just one person.
4. Did you hear that customer?! He's so R_ _ _ _ _ _ _ _. He says he ordered stew when in fact he ordered a steak!
5. The wine waiter advised us for ages on which wine to choose – he was so H_ _ _ _ _ _ _.
6. Yes, and did you see the way he uncorked the bottle? He's very S_ _ _ _ _ _ _ with a corkscrew.
7. Please remember that the D_ _ _ _ _ _ _ _ person over there will need to be shown to the door when she's finished her meal as it's difficult to get a wheel-chair around the restaurant.
8. You can tell that those guests are O_ _ _ H_ _ _ _ _ _ _ _. They've been visiting the town so they're really hungry and will probably say "I'll have one of everything on the menu".

CORRIGÉS p. 148

41 Addition et moyens de paiement
Billing and means of payment

Noms

l'addition	*bill*
le prix	*price / rate*
le montant	*amount*
le total	*total*
le sous-total	*sub-total*
le prix net	*net price*
par personne	*per person*
boissons comprises	*drinks included*
boissons non comprises	*drinks not included*
la TVA	*VAT (value added tax)*
le service	*service charge*
service compris	*service included*
tout compris	*all inclusive*
toutes taxes comprises (TTC)	*all tax included*
hors-taxe (HT)	*exclusive of vat*
la facture	*invoice*
la facturation	*billing / invoicing*
le règlement	*payment*
la caisse	*till / cash register*
le moyen de paiement	*means of payment*
le chèque	*cheque (GB) / check (US)*
le talon	*stub / counterfoil*
le liquide	*cash*
la monnaie	*change*
la petite monnaie	*small change*
la carte de crédit	*credit card*
la signature	*signature*
le reçu	*receipt*
le crédit	*credit*
le débit	*debit*
le ticket-restaurant	*lunch voucher*
la carte de fidélité	*loyalty card*
la remise	*rebate*
la réduction	*discount*
le pourboire	*tip*

Adjectifs

cher	*expensive*
modéré	*reasonable*
bon marché	*cheap*
gratuit	*free*

Verbes

calculer	*to calculate*
diviser en	*to divide into*
soustraire	*to subtract / take off*
additionner	*to add / to add up*
facturer	*to charge*
payer	*to pay*
payer ensemble	*to pay together*
payer séparément	*to pay separately*
signer	*to sign*
faire crédit	*to give someone credit*
faire de la monnaie	*to get change*
C'est moi qui offre.	*It's on me.*
Payer chacun sa part	*to go Dutch*
C'est la maison qui offre.	*It's on the house.*
Comment désirez-vous payer ?	*How would you like to pay?*

In England the "service charge" is sometimes included in the bill. In this case, it is not necessary to leave a tip unless you are particularly happy with the service. If nothing is marked, you should leave a 10% tip. There is no legal requirement. It is the same in the USA although waiting staff are often paid below the minimum wage because they expect to make up the difference in tips.

Exercice 1 How would you like to pay?

Complete the conversation.

Waiter: Can I get you anything else sir?

Guest: No thank you, just the b_________ please.

Waiter: Here you are. 4 house menus at £30.50 p_________ p_________; that makes £122.00. Drinks are n_________ i_________, that's another £60.00 and we have to add v_________ at 20% of course. So a_________ t_________ i________ the total a_________ a________ U________ to £218.40.

Guest: Is s_______ i________?

Waiter: Yes, there is a s_________ c_________ but it is up to the discretion of the customer if they want to leave a t________ as well – of course!

Guest: You seem to have forgotten the glasses of champagne we had before lunch.

Waiter: You are a regular customer sir, it's o________ t_________ h_________.

Guest: Thank you. Don't forget that we have a l_________ c_________ so we should get a 10% d_________.

Waiter: Of course sir. How would you like to pay?

Guest: I've got some l_________ v_________ worth £50.00, and I'd like to pay the rest by c_________. Here you are, hold on a minute while I fill in the s_________.

Waiter: Certainly, could I just have a s_________ here please?

Guest: Here you are. Could I have a r_________ so I can c__________ it to the company?

Waiter: Thank you and we are looking forward to seeing you again soon.

Exercice 2 Missing letters

Add a vowel to complete the word.

Prices: _ll-_ncl_s_ve – ch_ _p – _xp_ns_v_ - fr_ _ – r_ _ s_n_bl_

Billing: _nv_ _c_ – n_t pr_c_ – r_b_t_ - s_b-t_t_l

Means of payment: c_sh – ch_ng_ – cr_d_t c_rd – d_b_t c_rd – sm_ll ch_ng_ – t_ll/c_sh r_g_st_r

Payment expressions: g_t ch_ng_ – g_v_ cr_d_t – g_ D_tch – _t's _n m_ – p_y s_p_r_t_ly – p_y t_g_th_r – s_gn

ENTRAÎNEZ-VOUS

CORRIGÉS p. 148

42 L'organisation des repas et les menus
Meals and menus

Noms

le repas .... *meal*
le petit-déjeuner .... *breakfast*
le petit-déjeuner continental *continental breakfast*
le petit-déjeuner américain.. *American breakfast*
le brunch.................. *brunch*
le déjeuner................ *lunch (NB: the lunch, breakfast, tea...)*
la collation .... *collation / light meal*
le quatre-heures .... *snack / tea (time)*
le dîner .... *dinner*
le souper.................. *supper*
la pension complète........ *full board*
la demi-pension .... *half-board*
la vente à emporter .... *takeaway*
le menu.................. *menu*
un menu à ... € .... *a €... menu*
le menu enfant .... *children's menu*
le menu gastronomique..... *gourmet menu*
le menu de dégustation..... *gourmet menu*
le menu express .... *quick (lunch) menu*
le menu minceur........... *slimmer's menu*
le menu végétarien......... *vegetarian menu*
le midi uniquement......... *at lunchtime only*
la carte des vins .... *wine list*
la carte des desserts .... *dessert list*
à la carte.................. *a la carte (alc)*
le plat .... *dish*
le plat du jour .... *today's special*
la suggestion du jour....... *today's suggestion*
la spécialité de la maison ... *speciality of the house*
le plat régional .... *local dish*
le choix .... *choice*
le menu à 2 plats........... *a 2-course menu*
l'apéritif .... *aperitif*
les amuse-bouche.......... *appetizers*
le hors d'œuvre............ *hors d'œuvre / appetizer*
l'entrée .... *starter*
le plat principal............ *main course*
la garniture................ *garnish*
l'accompagnement .... *side dish*
le fromage .... *cheese*
le dessert .... *dessert / sweet*
les cafés .... *coffees*
les digestifs .... *digestives*
le buffet .... *buffet*
le service à l'assiette .... *plate service*
un assortiment .... *an assortment (of)*

Adjectifs

fait maison................ *home-made*
en supplément............. *extra / extra charge*
à volonté .... *unlimited*
excellent .... *excellent*
goûteux .... *tasty*

Verbes

prendre le petit-dejeuner ... *to have breakfast*
déjeuner................... *to have lunch*
diner .... *to have diner*
sortir au restaurant......... *to eat out*

Exercice 1 Multiple choices

Choose the right answer.

1. Either Continental, American, or English, it is served first thing in the morning.
a. breakfast b. lunch c. tea (time)

2. A nice break at around 4 or 5pm.
a. breakfast b. lunch c. tea (time)

3. A long or short meal eaten at the middle of the day.
a. breakfast b. lunch c. tea (time)

4. Just a little thing to stop you getting hungry – at any time of the day.
a. snack b. brunch c. takeaway

5. A mixture between the first meal of the day and the midday meal.
a. snack b. brunch c. takeaway

6. A meal you go and get and do not eat in the restaurant
a. snack b. brunch c. takeaway

7. A relaxed informal meal served in the evening.
a. diner b. dinner c. supper

8. A more formal meal service in the evening.
a. diner b. dinner c. supper

9. When you stay in a hotel and have all your meals there.
a. half-board b. full board c. light meal

10. When you stay in a hotel and only have one or two meals.
a. half-board b. full board c. light meal

11. What can be eaten at any mealtime and is synonym for collation.
a. half-board b. full board c. light meal

Exercice 2 Courses

Put the courses in the right order.

aperitif – appetizer – cheese – coffee – dessert – main course – starter

Exercice 3 Different menus

Match the word to a definition.

1. Starter and main course / main course and dessert.
2. Get up and choose from a wide assortment – help yourself.
3. Unlimited choices for people on diets or who don't eat meat.
4. A dish which is only on offer today – it's very tasty.
5. A home-made speciality with ingredients from the locality.
6. Your choice of dish with garnish served on a plate.
7. This excellent menu is only served between 12 and 2pm.
8. This menu probably means paying an extra charge.

a. Slimmer's/ vegetarian menu
b. Today's special
c. Gourmet menu
d. Plate service
e. 2-course menu
f. At lunchtime only
g. Local dish
h. Buffet

CORRIGÉS p. 149

43 Le petit-déjeuner et les manifestations particulières
Breakfast and special occasions

Noms

le petit-déjeuner .... *breakfast*
le pain .... *bread*
le pain grillé / toast .... *toast*
la tranche .... *slice*
les céréales .... *cereals*
l'orange pressée .... *fresh orange juice*
la confiture .... *jam*
la marmelade .... *marmelade*
le beurre .... *butter*
l'œuf à la coque .... *boiled egg*
les œufs au plat .... *fried eggs*
les œufs au bacon .... *bacon and eggs*
la saucisse .... *sausage*
le muesli .... *muesli*
la théière .... *teapot*
la cafetière .... *coffee pot*
le sucre .... *sugar*
les fêtes .... *special occasions*
le jour férié .... *public holiday / bank holiday*
Noël .... *Christmas*
la veillée de Noël .... *Christmas Eve*
le réveillon .... *Christmas Eve dinner*
la Saint-Sylvestre .... *New Year's Eve*
la Fête des Rois .... *Twelfth Night*
la Saint-Valentin .... *(Saint) Valentine's day*
Pâques .... *Easter*
le 1er avril .... *April Fool's day*
la Toussaint .... *All Saints*
l'Assomption .... *Assumption*
la Fête Nationale .... *National Holiday*
le lendemain de Noël .... *Boxing day*
le Nouvel An .... *New Year's Day*
le Vendredi Saint .... *Good Friday*
la Pentecôte .... *Whitsun(tide) / Pentecost*
le lundi de Pentecôte .... *Whit Monday*
le repas .... *meal*
les occasions .... *important occasions*
la naissance .... *birth*
l'anniversaire .... *birthday*
le baptême .... *Christening / baptism*
les fiançailles .... *engagement*
le mariage .... *wedding*
l'enterrement .... *funeral*
le banquet .... *banquet*
la conférence .... *conference*
le congrès .... *convention*
le déjeuner d'affaires ...... *business luncheon*
la réception .... *reception*
la réception avec cocktail ... *cocktail party*
la réunion .... *meeting*
le dîner aux chandelles ..... *dinner by candlelight / candlelight dinner*
le repas romantique .... *romantic meal*
le repas de noces .... *wedding reception*
le dîner dansant .... *dinner dance*
le dîner spectacle .... *dinner with entertainment*

Adjectifs

ouvert les jours fériés ...... *open on public holidays*
fermé les jours fériés .... *closed on public holidays*

Exercice 1 What's on the breakfast menu?

Correct the mistakes.

BREAKFAST MENU

Choose between restaurant and room service

Frech bread or slices of toasted bread
with batter and home-made ham or marmelade
Wide choice of cereales and meuslis
Frech orange juce
Yoghurt or farmer's cheese

Cooked breakfast:
Eggs: Bouiled / fried / pooched / scrambled
Backon / sausige / mushrooms

Tea or coffee

Exercice 2 Important occasions

Find a word which goes with the definition.

1. He's 21 today!
2. We've decided to get married!
3. We just got married so we're partying!
4. We felt like having a meal and dancing with friends.
5. I'm afraid to say that my uncle passed away.
6. We have just baptised my Goddaughter.
7. It's just a six to nine occasion with drinks and nibbles.
8. Nothing – we are here to work!

Exercice 3 We are open / closed on public holidays

Which special date or public (/bank) holiday is the waiter talking about?

1. They wanted a romantic meal with a candlelight dinner.
2. Don't forget the Yule Log and the presents at each place setting.
3. The first day at the beginning of the year.
4. For example, the 4th July in the USA and the 14th July in France.
5. The first of the month. A day for playing tricks on people.
6. An evening for celebrating and making resolutions.
7. A day for eating lots of chocolate eggs, the oldest festival of the Christian church.
8. The Friday before "7".
9. The 26th December – a day for boxing up goods to share with the poor.
10. A Christian holiday celebrated on 15th August in France.
11. A Christian holiday to celebrate the saints.
12. The feast of the Epiphany, the last day of celebrating "2".

CORRIGÉS p. 149

44 Plaintes et réclamations
Complaints

Noms

la plainte .... *complaint*
la demande .... *query*
le désagrément .... *inconvenience / nuisance*
le problème .... *issue / problem*
l'erreur .... *mistake*
le prix excessif .... *overcharge*
une erreur sur l'addition .... *a mistake on the bill*
le retard .... *delay*
le courant d'air .... *draught*
près de la fenêtre .... *by the window*
un cheveu.................. *hair*
l'intoxication .... *food poisoning*
un drôle de goût .... *funny taste*
la blessure .... *wound*
les premiers secours .... *first aid*
l'ambulance .... *ambulance*
le sang .... *blood*
le pansement .... *plaster*
le vol .... *theft*
le portefeuille .... *wallet / purse*
le sac à main .... *handbag (GB) / purse (US)*

Adjectifs

décevant .... *disappointing*
déçu .... *disappointed*
en colère .... *angry*
furieux .... *furious*
mécontent .... *upset*
taché .... *soiled*
ébréché .... *chipped*
fendu .... *cracked*
bruyant .... *noisy*
enfumé .... *filled with smoke*
trop cher .... *too expensive*
volé .... *stolen*
froid .... *cold*
mauvais .... *awful / bad*
insipide .... *tasteless*
indisponible .... *not available*
pressé .... *in a hurry*
lent .... *slow*
sale .... *dirty*
imbuvable .... *undrinkable*
immangeable .... *inedible*
trop cuit .... *overcooked*
pas assez cuit .... *undercooked*
trop épicé .... *too hot*
allergique .... *allergic*
diabétique .... *diabetic*
ivre .... *drunk*

Verbes

modifier la commande...... *to change the order*
se tromper .... *to make a mistake*
ne pas être d'accord........ *to disagree*
renverser .... *to spill*
déranger .... *to disturb*
disparaître .... *to disappear*
attendre (depuis) .... *to wait (for)*
sentir mauvais............. *to smell (bad)*
être bouchonné .... *to be corked*
avoir froid................. *to be cold*
être bancal................ *to wobble*
ne pas se sentir bien .... *to not feel well*
avoir des vertiges .... *to feel dizzy*

Exercice 1 I'm afraid I would like to make a complaint

Match the waiter's answer to the complaint.

1. We would seem to have been overcharged.
2. The tablecloth is wet!
3. There's a terrible draught sitting by this window.
4. Waiter – look at this – there's a hair in my soup!
5. We have been waiting for our main course to arrive for ages!
6. This wine has a very funny taste.
7. I don't want to make an issue, but I think everything is going to fall off the table.
8. There has been a theft! My wallet has gone!
9. This cold meat assortment doesn't smell very good I'm afraid.
10. I don't want to make an issue, but those noisy people over there are a nuisance!

- A. I am sorry; I'll change that right away.
- B. Would you like to change your order? I can get you something else.
- C. Hmmm. Yes, I agree. The wine is corked I'm afraid.
- D. I don't think I made a mistake on the bill.
- E. I'm sure they don't mean to disturb you. I'll ask them to be quieter.
- F. I disagree; it's just lovely fresh air!
- G. I'm sorry. I'll go and see what the delay is in the kitchen.
- H. Yes, it is rather wobbly. Would you like to move to another table?
- I. I'm sorry; the trainee waiter spilt the water.
- J. Oh no! The man at table 3 has disappeared as well.

Exercice 2 Medical problems

Put the jumbled up sentences back into the right order. The first and last words are always right.

1. I feeling afraid not wife am is my well.
2. I wheat allergic all am to products.
3. The first waiter qualified is in aid.
4. He a because is has he diet special diabetic.
5. Let a on put your me plaster cut.
6. I head feel is and dizzy my spinning.
7. I got I food think have poisoning.
8. It a wound not see you deep is a should but doctor.
9. The has blood himself is chef there cut and everywhere.
10. Could an call somebody ambulance?

CORRIGÉS p. 150

45 Le personnel
Staff

Noms

le directeur .... *hotel manager*
le personnel .... *staff*
l'hôtelier .... *hotelkeeper / hotelier*
le portier .... *hall porter / doorman*
le réceptionniste .... *receptionist / reception clerk*
le chef de réception .... *head receptionist*
le standardiste .... *switchboard operator*
le responsable du comptoir d'information .... *information officer*
le garçon d'étage .... *page / bellboy*
le garçon d'ascenseur ...... *lift attendant / lift boy*
le caissier .... *cashier*
la gouvernante .... *housekeeper*
le comptable .... *accountant*
l'électricien .... *electrician*
le plombier .... *plumber*
le jardinier .... *groundsman / gardener*
le responsable de l'entretien .... *maintenance manager*
le responsable de la maintenance .... *maintenance man*
l'homme à tout faire .... *handyman*
l'agent de sécurité .... *security officer*
le responsable de l'approvisionnement ... *storekeeper*
le personnel de chambre .... *housekeeping staff*
la femme de chambre ...... *maid / chambermaid*
la lingère .... *linen maid*
la couturière .... *seamstress*
l'équipe de nuit .... *night shift*
le portier de nuit .... *night porter*
le veilleur de nuit .... *night watchman*
les heures supplémentaires . *overtime*

Adjectifs

accueillant .... *hospitable*
poli .... *polite*
impoli .... *impolite*
aimable .... *friendly*
désagréable .... *unpleasant*
courtois .... *courteous*
serviable .... *helpful*
rapide .... *quick*
lent .... *slow*
discret .... *discreet*
indiscret .... *inquisitive*
bilingue .... *bilingual*
qualifié .... *trained*
efficace .... *efficient*
inefficace .... *inefficient*
à plein temps .... *full-time*
à mi-temps .... *part-time*

Verbes

travailler .... *to work*
remplir une fonction .... *to fulfil / carry out a duty*
diriger un hôtel .... *to run a hotel*
superviser .... *to supervise*
être responsable de .... *to be responsible for / in charge of*
diriger les opérations .... *to oversee operations*
être d'astreinte .... *to be on call*
être de service .... *to be on duty*
travailler en équipe de roulement .... *to work in shifts*

Exercice 1 What is my job?

Link the job description to a job title from the vocabulary list.

1. I open the door to let people in, and welcome them courteously.
2. I am called upon to carry peoples' luggage into their rooms.
3. I plan the domestic work in the hotel and supervise the maids.
4. I answer the telephone calls, and put people through to the right room.
5. I make the beds, and clean the bedrooms and the bathrooms.
6. I stay in the hotel lobby at night to welcome late guests.
7. I keep an eye on the finances of the hotel.
8. I help people check in and out of the hotel, and sort out any complaints.
9. I make sure people get upstairs and downstairs easily in the lift.
10. I am here to answer any questions or requests the guests may have.
11. I am responsible for all the restaurant, bed and bathroom linen.
12. My job is to keep guard at night, especially for security. I work the night shift.
13. I deal with the money side of things – taking cheques or cash.
14. I am in charge of the overall security of the hotel.
15. Don't worry if you tear a hole in a sheet, I can always mend it.
16. I make sure that we have all the supplies when and where we need them.
17. Don't forget me – I do a lot of overtime because I run the hotel!

ENTRAÎNEZ-VOUS

Exercice 2 Keeping up the premises

Find a job title which goes with the words.

1. odd jobs / D.I.Y. (Do it yourself) / variety of tasks
2. management / repairs / oversee team
3. plants / earth / watering / flowers
4. wires / plugs / sockets / appliances
5. repairs / tools / hands-on / screwdriver
6. bathtub / pipe / basin / toilet

Exercice 3 Why am I suitable for the job? Because I am...

Find the opposite adjective to the description.

1. I don't have very good manners. ≠ I am ____________
2. Rather unpleasant and cold ≠ I am ____________
3. Not very qualified for the job ≠ I am ____________
4. Only speak one language ≠ I am ____________
5. Can't be bothered to help when needed ≠ I am ____________
6. Not very welcoming ≠ I am ____________
7. I'm terribly inquisitive. ≠ I am ____________
8. I am really inefficient. ≠ I am ____________

CORRIGÉS p. 150

46 Les catégories d'hôtel et les différentes pièces
Type of hotel and rooms

Noms

la catégorie d'hôtel........ *type of hotel*
l'hôtel 2 étoiles............ *2-star hotel*
l'hôtel touristique .... *hotel in a resort*
l'hôtel d'aéroport .... *airport hotel*
l'hôtel de congrès.......... *hotel with congress facilities*
la chaîne d'hôtels.......... *hotel chain*
le motel.................. *motel*
l'auberge .... *inn*
l'auberge de jeunesse...... *youth hostel*
la pension .... *boarding house*
la pension de famille .... *guesthouse*
le village de vacances ...... *holiday village*
la station thermale......... *health resort / spa*
l'hôtel avec / sans restaurant .... *hotel with / without a restaurant*
la chambre d'hôte.......... *bed and breakfast / B&B*
l'hébergement............. *lodging / accommodation*
la demi-pension .... *half-board*
la pension complète........ *full-board*
le logement sans restauration......... *accommodation only*
la pièce .... *room*
le hall .... *lobby*
la réception .... *reception / front desk*
la salle à manger .... *dining room*
la salle de conférence ...... *conference room*
la salle de jeux (enfants).... *children's playroom*
la mezzanine .... *mezzanine*
le patio .... *patio*
le vestiaire .... *cloakroom*
le bar .... *bar*
le couloir .... *corridor*
l'escalier .... *staircase / stairs*
la cage d'escalier .... *stairwell*
l'ascenseur .... *lift (GB) / elevator (US)*
le rez-de-chaussée .... *ground floor (GB)/ first floor (US)*
l'étage .... *floor*
la chambre .... *room / bedroom*
l'entrée .... *entrance*
le salon .... *lounge*
la salle de bain .... *bathroom*
les WC.................... *lavatory / restroom*
la salle de douche .... *shower room*
le balcon .... *balcony*
la terrasse .... *terrace*
le toit .... *roof*
le parking .... *car park / parking lot*
le sous-sol .... *basement*
la cave .... *cellar*
les bureaux .... *offices*
la réception des marchandises .... *goods delivery office*
la cuisine .... *kitchen*
le magasin / l'économat .... *stores*
la buanderie .... *laundry room*

Exercice 1 Where would you like to go?

Match the customer's thoughts to the travel agent's answer.

You should go to a : *accommodation only – airport hotel – B & B – boarding house – full board – half-board – holiday village – inn – motel – spa – 5-star hotel – youth hostel*

1. I just love my car so I want it near me.
2. I like real luxury.
3. I want lots of activities.
4. I have a plane to catch at dawn.
5. I want to go to someone's house and just have breakfast.
6. I want to be with people under 21.
7. I would like a sauna, massage…
8. A house where paying guests get meals and accommodation.
9. Synonym for a tavern
10. Only breakfast and dinner please.
11. I would like every meal!
12. Just a bed for me please.

Exercice 2 Could you tell me where the .... is please?

Add a consonant to make the word the person is looking for.

1. I need to hang up my coat, where's the _ _ o a _ _ o o _ please?
2. I would like to sit down and relax – where's the _ o u _ _ e?
3. The children are hungry – where is the _ i _ i _ _   _ o o _?
4. I have a pressing need for a very private place – the _ a _ a _ o _ y please.
5. Those businessmen are looking for the _ o _ _ e _ e _ _ e   _ o o _.
6. I would like to check in but I cannot find the _ _ o _ _   _ e _ _
7. We would all like a pint of beer. Where's the _ a _ ?
8. Time for bed everyone. Where's your _ e _ _ o o _ Sally?
9. Those kids are very noisy! Can't they go to the _ _ i _ _ _ e _ '_   _ _ a _ _ o o _?
10. I'm looking for the doorman. Oh, he must be in the _ o _ _ _ .

Exercice 3 I don't speak the language!

Translate the following words into English.

1. rez-de-chaussée
2. parking
3. buanderie
4. escalier
5. salle de douche
6. balcon
7. sous-sol
8. réception des marchandises
9. couloir
10. entrée
11. toit
12. cave

CORRIGÉS p. 151

47 La chambre et les sanitaires
Room types and bathroom fittings

Noms

la chambre .... *room / bedroom*
la chambre simple .... *single bedroom*
la chambre double .... *double bedroom*
la chambre de catégorie supérieure............... *deluxe room*
la suite .... *suite*
la suite royale .... *royal suite*
la chambre à deux lits simples .... *twin room*
le studio .... *studio room*
vue sur le jardin............ *garden view*
le choix .... *choice*
la disponibilité .... *room status / availability*
la chambre libre .... *vacancy*
le taux d'occupation......... *occupancy rate*
les sanitaires .... *bathroom fittings*
le lavabo .... *basin (GB) / washbasin (US) / sink (US)*
le robinet .... *faucet (US) / tap (GB)*
l'eau chaude .... *hot water*
l'eau froide................ *cold water*
l'eau courante .... *running water*
la baignoire .... *bath / bath tub*
la douche .... *shower*
le tuyau .... *pipe*
la vidange.................. *drain*
le flexible (de douche)...... *shower-hose*
le pommeau (de douche).... *rose (GB) / shower head (US)*
le rideau de douche .... *shower curtain*
le tapis de bain .... *bath mat*
le bidet .... *bidet*
les WC..................... *toilet / loo*
la chasse d'eau .... *toilet flush*
le papier toilette .... *lavatory paper / toilet paper*
le porte-serviettes .... *towel rail / towel rack*
la poubelle................. *bin / trash basket*
les affaires de toilette ...... *toiletry items*
la trousse de toilette .... *sponge bag / toiletry kit*
le savon .... *soap*
le gel douche .... *shower gel*
le bain moussant .... *bubble bath*
le distributeur de savon .... *liquid soap dispenser*
le shampooing............. *shampoo*
l'après-shampooing........ *conditioner*
le sèche-cheveux........... *hair-dryer*
le dentifrice .... *toothpaste*
la brosse à dents........... *toothbrush*
le verre à dents .... *tooth glass*
la mousse à raser .... *shaving cream*
le rasoir .... *razor*
la prise pour rasoir .... *razor socket*
le peigne.................. *comb*
la brosse.................. *hair brush*
le maquillage.............. *makeup*

Adjectifs

disponible .... *available*
libre .... *vacant*
occupé .... *occupied*
ensoleillé .... *sunny*
calme .... *quiet / peaceful*

Verbes

attribuer une chambre...... *to give a room*
choisir .... *to choose*
donner sur .... *to overlook / to face*

Exercice 1 What kind of room would you like madam?

Choose the right kind of room.

1. A room with one big bed.
a. double b. couple c. trouble

2. A room with two single beds
a. singles b. twins c. twin

3. A room that looks over the garden has a
a. garden room b. garden look c. garden view

4. A room for one person alone
a. simple b. single c. singular

5. A room fit for a king or queen
a. royal suite b. royal sweet c. royal soot

6. A room of a superior category
a. deluxe b. deluxury c. dulux

7. A room where you can see the sea out of the window .... the sea
a. oversees b. overlooks c. overseas

8. A room which is bright and quiet is
a. shiny and peaceful b. shining and calm c. sunny and peaceful

9. A room which is available is
a. vacant b. occupied c. vacantry

10. To choose which room a guest is to go in is to
a. attribute a room b. refer a room c. give a room

Exercice 2 Bathroom fittings

Find the odd man out.

1. hot / cold / bidet / running
2. shower / hair dryer / bath tub / washbasin
3. hose / towel rail / rose / curtain
4. bin / tap / mat / drain
5. loo / flush / toilet paper / razor socket

Exercice 3 What's in the toiletry kit?

Put the following toiletries into the right column.

bubble bath – comb – conditioner – glass – hairbrush – liquid soap dispenser – makeup – razor – shampoo – shaving cream – shower gel – soap – toothbrush – toothpaste

HAIR	TEETH	BODY	BEARD	FACE

ENTRAÎNEZ-VOUS

CORRIGÉS p. 151

48 Le mobilier et l'équipement
Furniture and Fittings

Noms

le mobilier .... *furniture*
un meuble .... *a piece of furniture*
le lit .... *bed*
le lit double .... *double bed*
le grand lit double.......... *queen-size bed*
le lit king-size .... *king-size bed*
le lit à baldaquin .... *four poster bed*
le lit d'enfant .... *cot (GB) / crib (US)*
le lit pliant .... *folding bed*
la table .... *table*
la table basse .... *coffee table*
la table de chevet .... *bedside table*
le tiroir .... *drawer*
la coiffeuse .... *dressing table*
la chaise .... *chair*
la chaise d'enfant .... *child's chair*
la chaise haute (bébé) ...... *high chair*
le tabouret .... *stool*
le fauteuil .... *armchair*
le canapé .... *sofa*
le pouf .... *pouf*
le placard .... *cupboard / closet*
l'armoire .... *cupboard*
la penderie .... *wardrobe / closet*
la commode .... *chest of drawers*
l'étagère .... *shelf*
le bureau .... *desk*
l'équipement .... *fittings*
l'électricité .... *electricity*
l'interrupteur .... *switch*
la prise .... *socket*
l'adaptateur .... *electric adaptor*
la lumière .... *light*
la lampe .... *lamp*
la lampe de chevet .... *reading lamp*
l'ampoule .... *light bulb*
le ventilateur .... *fan*
l'air conditionné .... *air conditioning*
le radiateur .... *radiator*
le chauffage .... *heating*
le chauffage d'appoint ..... *heater*
le porte-manteau .... *coat hanger / coat stand*
le cintre .... *coat hanger*
le miroir .... *mirror*
le minibar .... *minibar*
le réfrigérateur .... *fridge*
la télévision .... *tv (set)*
la radio .... *radio*
le wi-fi .... *Wi-Fi / wireless*
la porte .... *door*
le carton « ne pas déranger » *"Do not disturb" sign*
la fenêtre .... *window*
les rideaux .... *curtains (GB) / drapes (US)*
le store .... *blind*
le volet .... *shutter*
le tapis .... *rug / mat*
la moquette .... *carpet*
le mur .... *wall*
le sol .... *floor*
le plancher .... *floor*
le parquet .... *parquet floor*
le plafond .... *ceiling*
le cendrier .... *ashtray*
le réveil .... *alarm clock*
la corbeille à papier .... *wastepaper basket*

Exercice 1 Pieces of furniture

Match the beginning to the end of the compound noun.

1. dressing •	• A. Table
2. chest of •	• B. Bed
3. queen/king •	• C. Bed
4. bedside •	• D. Drawers
5. high •	• E. Bed
6. folding •	• F. Table
7. coffee •	• G. Chair
8. double •	• H. Chair
9. child's •	• I. sized bed
10. four poster •	• J. Table

Exercice 2 A little bit of comfort

Put the right word(s) into the gap.

1. When i'm tired, i look to sit in an a _ _ _ _ _ or put my feet up on the s_ _ _ _ _ and read the newspaper.
2. If it's too hot, we put on the a_ _ _ _ _ _, or use the electric f_ _ _ _ _.
3. She puts her coats and dresses on a c_ _ _ _ _ and then hangs it all in the w_ _ _ _ _.
4. After a day's work, take a nice cool beer out of the m_ _ _ _ _, turn on the t _ _ _ _ _ or the r_ _ _ _ _, or if you have a w_ _ _ _ _ connection, use your computer.
5. The guest stays a long time, so he always puts his shirts in the d_ _ _ _ _, his books on the s_ _ _ _, his work files on the d_ _ _ _ _, and his suits in the c_ _ _ _ _.
6. They'll need a c_ _ _ _ _ for the baby, and an electric a_ _ _ _ _ because they have american plugs.

Exercice 3 One or two problems

Untangle the word in capital letters.

1. It's rather dark in my room. Could you change the IHGTL LUBB?
2. It's really cold in my room. I don't think the AIHGNTE is working.
3. There would seem to be a power cut. There's no LRTCIYTIECE at all!
4. Could you help me? I don't know which WHSCTI to use to turn on the light.
5. Could I borrow an iron please? I have a British plug which doesn't fit into a French OEKCTS.
6. Despite the heating it is still cold. Could we have a ERHETA?
7. You know that it's 7 year's bad luck to have a IRMROR that is cracked? I'd like to change room please.

CORRIGÉS p. 152

49 Le linge et le nettoyage
Linen and cleaning

Noms

le linge .... *linen*
le matelas.................. *mattress*
le sommmier .... *bed base*
le drap .... *sheet*
le drap de dessus .... *top sheet*
le drap de dessous......... *bottom sheet*
le drap housse............. *fitted sheet*
l'alèse .... *drawsheet / undersheet*
la couette.................. *duvet / quilt*
la housse de couette .... *duvet case*
le couvre-lit .... *bedspread / bedcover*
le coussin .... *cushion*
l'oreiller .... *pillow*
la taie d'oreiller .... *pillow case*
le traversin .... *bolster*
la couverture .... *blanket*
l'édredon .... *eiderdown*
la serviette .... *towel*
la serviette de toilette ...... *hand towel*
la serviette de bain .... *bath towel*
le peignoir .... *bathrobe*
le gant de toilette .... *flannel / washcloth*
la bouillotte .... *hot water bottle*
la nappe .... *table cloth*
la serviette de table .... *napkin*
le nettoyage .... *cleaning*
l'entretien .... *maintenance*
le ménage sommaire .... *light clean*
le petit rangement .... *tidy up*
la liste des chambres à faire . . *production sheet*
le chariot à produits d'entretien............... *cleaning trolley*
la serpillière .... *mop*
le balai .... *broom*
l'aspirateur .... *hoover / vacuum cleaner*
le nettoyage à sec .... *dry cleaning*
le blanchissage .... *laundry*

Verbes

ranger .... *to tidy*
balayer .... *to sweep*
nettoyer .... *to clean*
faire une chambre .... *to do a room*
faire une chambre a fond ... *to clean a room thoroughly*
faire un lit .... *to make a bed*
passer l'aspirateur .... *to hoover / to vacuum*
repasser .... *to iron (GB) / to press (US)*
coudre .... *to sew*

Exercice 1 Lots of linen (L.O.L.!)

Put the following words into the right column.

bathrobe– bath towel– bottom sheet– draw sheet– duvet case– flannel– fitted sheet– hand towel– napkin– tablecloth– top sheet

Bed	Bathroom	Table
....	....	....
....	....	....
....	....	....
....	....	....
....	....	....

Exercice 2 A comfortable bed

Put in a vowel to make the words.

1. H_t w_t_r b_ttl_
2. D_v_t
3. P_ll_w
4. C_sh_ _n
5. _ _d_rd_wn
6. Bl_nk_t
7. B_lst_r
8. B_dspr_ _d

Exercice 3 A chambermaid's duties

Correct the mistake in the sentence.

1. Every morning, I have to doo the rooms on the 7th floor.
2. Generally, I have to cleen every room thoughly.
3. This means, for example, that I vacume the carpet and sweap the parquet floors.
4. I usually making the beds first and tidie the room generally.
5. Then I cleen the bathroom from top to toe.
6. Sometimes guests will ask me to ion their clothes.
7. And once, a guest asked me to sow his buttons onto his shirt!

Exercice 4 Cleaning materials

Find the word for the description.

1. A work tool with a sponge or wet cloth, etc. for wiping floors clean.
2. A way of washing clothes without using any water.
3. A quick, rather superficial clean up.
4. Making sure the light bulbs, the hot water, everything works efficiently.
5. Used for sweeping the floor.
6. The list of rooms to be done during a shift.
7. Linen and clothes which need to be washed, and the act of washing them.
8. A cart for transporting everything you need to clean the rooms and bathrooms.

CORRIGÉS p. 152

50 Arrivée et bagages
Arrival and luggage

Noms

l'arrivée .... *arrival*
le départ .... *departure*
bienvenue .... *welcome*
enchanté .... *Nice to meet you*
la réservation .... *booking*
le registre .... *register*
le passeport .... *passport*
le statut matrimonial .... *marital status*
le prénom .... *first name / christian name*
le nom de famille .... *surname / family name / last name*
la nationalité .... *nationality*
la durée de séjour .... *length of stay*
la défection d'un client ..... *non-arrival / no show*
le numéro de chambre ..... *room number*
l'étage .... *floor*
l'ascenseur .... *lift (GB) / elevator (US)*
la clé .... *key*
la carte .... *key-card*
l'heure à laquelle on doit rendre la chambre .... *... o' clock release*
avant 6 heures .... *by 6 o' clock*
les bagages .... *luggage (inv.)*
la valise .... *suitcase*
le sac de voyage .... *travel bag*
le sac à dos .... *rucksack / backpack*
le sac à main .... *hand-bag (GB) / purse (US)*
la mallette .... *briefcase*
le vanity case .... *vanity case*
le chariot à bagages .... *luggage rack*
la charge .... *load*
le porteur .... *porter*
le coffre (voiture) .... *boot (GB) / trunk (US)*
le parking .... *car park (GB) / parking lot (US)*
le gardien de parking ...... *carhop*

Adjectifs

marié .... *married*
divorcé .... *divorced*
célibataire .... *single*
lourd .... *heavy*

Verbes

réserver .... *to book / to make a reservation*
libérer une chambre .... *to vacate a room*
porter .... *to carry*
soulever .... *to lift*
aller chercher .... *to pick up*
faire ses bagages .... *to pack*
défaire ses bagages .... *to unpack*
épeler .... *to spell*
patienter .... *to wait a minute*
s'asseoir .... *to take a seat*
Avez-vous fait bon voyage ? (avion) .... *How was your flight?*
garer .... *to park*

Exercice 1 A little story

Replace the French word by the English equivalent.

Mr Warlok: So, first I called the hotel *pour faire une réservation* for the weekend. We drove to the hotel and were met by the *gardien de parking* who parked our car for us in the parking. The *porteur* came over and took our *baggages* out of the *coffre* of the car and carried it to the hotel. Then we went to reception to sign the *registre*...
Receptionist: Good morning, have you got a *réservation*?
Mr Warlok: Yes of course. My name is Gregory Warlok.
Receptionist: *Comment vous épeler votre nom?*
Mr Warlok: W-A-R-L-O-K
Receptionist: Yes... Mr Warlok... Here it is. *Arrivée* 21st June, *départ* 24th June. That's fine. *Enchanté* Mr and Mrs Warlok. *Bienvenue* to Castle Dour. Could you just fill in this form please? ... Thank you.
Mr Warlok: What is our *numéro de chambre*?
Receptionist: Number 14, it's the White Suite – our best room on the *premier étage*. The *ascenseur* is just over there by the stairs. Here is your *carte (clé)*. Please don't lose it! The bell boy will *aller chercher* your luggage and bring it to your room. That bag looks *lourd*, it's better if he *soulève* it for you. The maid will *défaire les baggages* for you (and she will faire les baggages before you leave), so why don't you go to the restaurant, *s'asseoir* and have a nice glass of champagne on the house to celebrate your arrival?
Mr Warlok: Well that's very kind of you – thank you.
Receptionist: One last thing! On the day you leave, you have to *libérer la chambre avant* 11am.
Mr Warlok: We'll be leaving early. Thank you.
Receptionist: Thank you and enjoy your stay.

Exercice 2 The form Mr and Mrs Warlock filled in

Replace the phrase by a word.

Registration form	
1. The name you were given at birth	2. The number of your international I.D. ....
3. The name your family goes by	4. The adjective describing the country you are from. ....
5. Whether you are married, not married, etc.	6. How long you are staying ....
7. The number of the room you are in	8. For the hotel – the guest never arrived. ....

CORRIGÉS p. 153

51 La facturation et l'argent
Billing and money

Noms

la note / la facture .... *bill*
la d'hôtel .... *hotel form*
la d'enregistrement .... *registration card*
le prix de la chambre .... *room rate*
le supplément .... *extra charge*
le tarif .... *tariff*
le montant .... *amount*
le reçu .... *receipt*
le rapport qualité/prix...... *value for money*
la différence de prix .... *price difference*
la liste des clients
qui quittent l'hôtel........ *departure list*
le client qui part sans payer.. *skipper*
la chambre payée
mais non utilisée .... *sleepout*
l'argent .... *money*
l'acompte .... *deposit*
le moyen de paiement ...... *means of payment*
la carte de crédit .... *credit card*
les espèces .... *cash*
le billet de banque .... *banknote*
la monnaie .... *change*
la pièce de monnaie .... *coin*
le chèque de voyage .... *traveller's cheque*
le règlement à crédit .... *credit payment*
la remise .... *discount*
le virement .... *credit transfer*
le compte .... *account*
le pourboire .... *tip*
la TVA .... *VAT*
le taux de change .... *exchange rate*
(du dollar) *(on dollar)*
l'achat .... *purchase*
la vente .... *sale*
la commission .... *bank charges*
le bureau de change .... *foreign exchange office*
la devise .... *foreign currency*
l'euro..................... *Euro*
la livre sterling .... *Pound sterling*
le dollar US................ *US dollar*
le yen .... *Japanese yen*
le coffre .... *safe*
les objets de valeur .... *valuables*

Adjectifs/adverbes

en tout.................... *altogether*
pas encore payé .... *outstanding*
gratuit .... *free of charge*
cher .... *expensive*
bon marché .... *cheap*
abordable .... *reasonable*
intéressant (taux) .... *good (rate)*

Verbes

accomplir les formalités
de départ................ *to check out*
récapituler .... *to go over the details*
faire l'addition............. *to prepare the bill*
inclure / comprendre .... *to include*
régler l'addition .... *to settle the bill*
payer .... *to pay*
dépenser .... *to spend*
faire un chèque .... *to make a cheque*
à l'ordre de *out to*
signer .... *to sign*
encaisser .... *to cash*
rembourser .... *to refund*
changer de l'argent .... *to change money*

Exercice 1 Double Dutch!

Could you correct the confusions?

1. Would you like to put your safe in the valuables?
2. Did you know they use a Pound in the States and a Dollar in the UK instead of the Euro?
3. A coin is paper money and a banknote is made of metal.

Exercice 2 Word puzzle

Use the clues to complete the puzzle.

									14												
1						T	_	_	_	_	_	_	_	_	_	C	_	_	_	_	_
2		E	_	_	_	_	C	_	_	_	_	_									
3								S	_	_	_	_	_	_	_						
4					A	_	_	_	_	_	_										
5								R	_	_	_	_	_	_							
6		P	_	_	_	_	D	_	_	_	_	_	_	_	_	_					
7							R	_	_	_	R	_	_	_							
8			R	_	_	_	_	_	_	_	_	_	_	_	C	_	_	_			
9								A	_	_	_	_	_								
10					D	_	_	_	_	_	_	_									
11			F	_	_	_	_	_	_	C	_	_	_	_	_	_	_				
12		E	_	_	_	_	_	_	_	R	_	_	_								
13	C	_	_	_	_	_	P	_	_	_	_	_	_								

1. A pre-printed cheque for a certain sum of money to be used abroad.
2. What you pay in addition on your bill.
3. When someone pays but doesn't sleep in the room.
4. A record of financial transactions which are outstanding, to be paid at a fixed date in the future. This is often used with regular customers.
5. A chit of paper you are given as proof of payment.
6. The variance between the most expensive and the cheapest.
7. The price per room per night.
8. The form you fill in when you arrive at the hotel.
9. The sum of money.
10. A reduction.
11. Money used in other countries.
12. The price you get for your money when it is swopped for another currency.
13. When you pay later for your hotel stay.
14. The good or bad worth of the goods according to the market.

CORRIGÉS p. 153

52 Santé et urgence
Health and emergencies

Noms

la santé .... *health*
le médecin .... *doctor*
l'infirmerie .... *sickroom / dispensary*
l'infirmière .... *nurse*
le dentiste .... *dentist*
le pharmacien .... *chemist / pharmacist*
la pharmacie .... *chemist's shop (GB) / pharmacy / drugstore (US)*
les premiers secours .... *first aid*
la trousse de secours ...... *first aid kit*
les soins d'urgence .... *emergency treatment*
le médicament .... *drug / medicine*
le comprimé .... *pill*
le désinfectant .... *antiseptic*
le pansement .... *dressing / bandage*
le sparadrap............... *sticking plaster (GB) / bandaid (US)*
le thermomètre .... *thermometer*
l'aspirine.................. *aspirin*
le calmant .... *painkiller*
la blessure .... *wound / injury*
la coupure .... *cut*
la piqûre (insecte).......... *sting*
la morsure .... *bite*
la cheville foulée .... *twisted ankle*
le mal de tête .... *headache*
le mal d'estomac........... *stomach ache*
le mal de dents .... *toothache*
le mal de gorge .... *sore throat*
l'intoxication alimentaire ... *food poisoning*
l'accident .... *accident*
la crise cardiaque .... *heart attack*
la douleur .... *pain*
la tension .... *blood pressure*
les pompiers .... *fire brigade*
le détecteur de fumée ...... *smoke detector*
l'extincteur................ *fire extinguisher*
le plan d'évacuation .... *escape route*
la sortie de secours .... *emergency exit*
les mesures de sécurité .... *safety precautions*
l'alarme .... *alarm*

Adjectifs

en bonne santé .... *healthy*
en forme .... *fit*
pris de vertiges .... *dizzy / giddy*
fatigué .... *tired*

Verbes

être malade .... *to be ill / sick*
prendre froid .... *to catch a chill*
vomir .... *to vomit*
s'évanouir .... *to faint*
se blesser .... *to get hurt / to be injured*
être allergique à .... *to be allergic to*
faire venir un médecin ...... *to send for a doctor*
appeler une ambulance .... *to call an ambulance*
prendre le pouls .... *to take the pulse*
soigner .... *to treat*
guérir .... *to cure*
Ça fait mal................. *It hurts.*
se sentir mieux / moins bien . *to feel better / worse*
être inquiet................ *to be worried*
calmer .... *to calm someone down*
garder son calme .... *to keep calm*

Exercice 1 We need a doctor!

Choose the right word from the 2 words in italics.

1. Did you fall down? We have a *first help kit / first aid kit* at reception.
2. It's more serious than that – he needs *urgency / emergency* treatment.
3. Perhaps you should go and see the *nurse / infirm* in the *illroom / sickroom.*
4. Excuse me. I need to put my *medicaments / medicine* in the fridge.
5. That's a nasty cut. You should clean it with *antiseptic / antidisinfectant.*
6. He goes running and takes exercise every day – he's really *healthy / healthful.*
7. You have a slight graze. Well put a *sticking plaster / sticking aid* on it.
8. My head is spinning. I'm feeling really *dozy / dizzy.*
9. I don't know what is wrong. I've got a terrible *pain / pane* on my left side.
10. I think it will hurt for a while. Take some of this *paincalmer / painkiller.*

Exercice 2 What is wrong with you?

Match the beginning to the end of the medical problem.

1. stomach •	• A. poisoning
2. blood •	• B. ache
3. food •	• C. sting
4. heart •	• D. pressure
5. twisted •	• E. ache
6. tooth •	• F. bite
7. sore •	• G. ache
8. bee / wasp •	• H. ankle
9. mosquito •	• I. attack
10. head •	• J. throat

Exercice 3 What is the matter?

The verb is missing. Put in the right verb in the right tense.

1. He cannot eat shellfish because he _____ allergic to it.
2. Give me your hand, now, I'm just going to _____ your pulse.
3. I was feeling ill, but today I _____ much better.
4. It's freezing out there. Wear a coat or you'll _____ a chill.
5. This is an emergency! Please _____ an ambulance!
6. She's hysterical! Could someone please _____ her down?
7. The doctor is here to _____ you and therefore _____ you.
8. They _____ very worried about their son who is ill.
9. My wife is not very well. Could you please ____ for a doctor?
10. Don't go near the ruins, you might _____ hurt.

CORRIGÉS p. 154

53 Résolution de problème *Problem solving*

Noms

le désagrément .... *inconvenience / nuisance*
le problème .... *issue / problem*
la plainte .... *complaint*
l'erreur .... *mistake*
le malentendu .... *misunderstanding*
la demande .... *query*
le prix excessif .... *overcharge*
le retard .... *delay*
le mauvais fonctionnement .. *malfunction*
la panne .... *failure / breakdown*
le court-circuit .... *short circuit*
la coupure d'électricité ..... *power cut*
l'ampoule électrique .... *light bulb*
la propreté .... *cleanliness*
le problème de plomberie... *plumbing shortcomings*
la fuite .... *leak*
la température............. *temperature*
le bruit................... *noise*
le vol .... *theft*
le cambriolage .... *burglary*
le cambrioleur............. *burglar*
le portefeuille .... *wallet / purse*
le sac à main .... *handbag (GB) / purse (US)*
les bijoux .... *jewels*
la perte .... *loss*
le passe-partout .... *master-key*
les excuses .... *apologies*
l'annulation .... *cancellation*
la solution .... *solution*
à nos frais................ *at our expense*
le questionnaire de satisfaction .... *satisfaction survey*

Adjectifs

propre .... *clean*
sale .... *dirty*
poussiéreux .... *dusty*
mal rangé .... *untidy*
inconfortable .... *uncomfortable*
pas fait (lit)............. *unmade*
bruyant .... *loud / noisy*
volé .... *stolen*
perdu .... *lost*
hors service .... *out of order*
défectueux .... *defective*
en cours de réparation..... *being repaired*
à court de personnel .... *short-staffed*

Verbes

porter plainte .... *to lodge a complaint*
déranger .... *to disturb*
marcher / fonctionner ...... *to work*
couler (eau) .... *to run*
s'inquiéter .... *to worry*
oublier .... *to forget*
retrouver .... *to find*
fermer à clé .... *to lock*
s'excuser .... *to apologize*
s'occuper de .... *to deal with / to attend to*
s'assurer que.............. *to ensure that*
résoudre .... *to solve*
réparer .... *to fix / to repair*
remplacer .... *to replace*
améliorer .... *to improve*
manquer de .... *to run out of*

Exercice 1 I would like to make a complaint

Put the sentence back into the right order. The first word is right.

1. I'm mistake there a afraid is. We been overcharged have.
2. My has stolen handbag been.
3. I to jewels would up like lock my. There safe no is.
4. There in a bathroom is the leak.
5. I my forgot key. Do master have you key a?
6. The dirty is dusty bedroom and – needs cleaning it.
7. Could the replace please light bulb someone?
8. The of machine out coffee is order.
9. The from noise is dining coming terrible the room.
10. The is bed uncomfortable extremely.

Exercice 2 We would like to apologise

Translate the following sentences into English.

1. Nous sommes désolés pour le désagrément que vous avez subi.
2. Je vous envoie quelqu'un immédiatement pour s'en occuper.
3. Je suis navrée mais nous sommes à court de personnel actuellement.
4. Votre lit n'était pas fait ce matin ? Je suis navrée. Je vais en parler avec la gouvernante.
5. Veuillez accepter notre offre d'une autre nuit à l'hôtel à nos frais.
6. Votre chambre est trop bruyante ? Nous trouverons une solution, ne vous inquiétez pas.
7. Je suis navré, un client a causé un court-circuit mais l'électricité sera remise bientôt.
8. Je suis vraiment navrée. Nous allons envoyer quelqu'un pour réparer votre téléviseur sous 10 minutes.
9. Je suis navré mais nous manquons de savon !
10. Nous vous serions reconnaissant si vous pouviez remplir notre questionnaire de satisfaction.

Exercice 3 What is the word for...?

Find a word which means...

1. Make water come out of the tap.
2. Make something better
3. Come across something you had lost.
4. Make a complaint.
5. Make sure that.
6. Bother other people.
7. Shut a door with a key.
8. Find the answer to a problem

CORRIGÉS p. 154

54 Les services de l'hôtel et les séminaires
Hotel services and seminars

Noms

les équipements de loisir ... *leisure facilities*
le sport .... *sport*
la salle de sport............ *fitness centre / gym*
le cours de tennis .... *tennis court*
la piscine couverte .... *indoor swimming pool*
la piscine découverte ...... *outdoor swimming pool*
le jacuzzi.................. *jacuzzi*
le sauna .... *sauna*
le hammam .... *hammam*
le terrain de golf .... *golf course*
l'équitation .... *riding*
la patinoire .... *ice rink*
les divertissements .... *entertainment*
la salle de réception........ *ballroom*
la salle de cocktail .... *cocktail lounge*
la salle de télévision .... *TV lounge*
la salle de cinéma .... *cinema*
la discothèque .... *nightclub / disco*
la salle de jeux .... *games room*
le billard .... *a game of billiards*
l'excursion .... *sight-seeing tour*
l'accompagnateur .... *tour guide*
le panier-repas .... *lunch box*
le safari .... *safari*
le programme des activités .. *programme*
la beauté.................. *beauty*
le salon de coiffure .... *hairdressing salon*
l'institut de beauté......... *beauty salon*
la manucure............... *manicure*
les soins .... *beauty care*
la location de vélo.......... *bicycle hire / bicycle rent*
le service de location de voitures .... *car rental service car hire service /*
la navette de l'hôtel .... *hotel shuttle*
le réveil par la réception .... *wake-up call*
le téléphone .... *telephone*
la boîte aux lettres .... *post box*
le timbre .... *stamp*
le magasin de souvenirs .... *gift shop*
le distributeur de boissons . *soft-drink machine*
les installations pour les personnes handicapées .... *facilities for the disabled*
la chaise-roulante .... *wheelchair*
le chien d'aveugle .... *guide dog*
le séminaire............... *seminar*
le colloque .... *colloquium*
la conférence .... *conference*
l'auditorium .... *auditorium*
la salle de conférence ...... *conference room*
le participant.............. *participant*
la réception .... *reception*
la collation................ *snack / refreshments / light meal*
le bloc-notes .... *note pad*
la langue étrangère .... *foreign language*
l'interprète .... *interpreter*
la traduction simultanée .... *simultaneous translation*
le casque .... *headphone*
le micro .... *microphone*
l'estrade.................. *platform / stand*
le podium .... *podium*
le projecteur .... *multimedia projector / beamer*
le rétro-projecteur .... *overhead projector*
l'écran .... *screen*
la diapositive .... *slide*
le tableau................. *notice board*
l'équipement vidéo .... *video facilities*
le haut parleur .... *loudspeaker*

ENTRAÎNEZ-VOUS

Exercice 1 Leisure facilities

Sort out each of the groups of words according to instructions.

SPORTS: *Add a vowel* F_TN_SS C_NTR_ / GYM T_NN_S C_ _ RT _ND_ _ R / _ _ TD_ _ R SW_MM_NG P_ _L G_LF C_ _ RS_ R_D_NG B_CYCL_ H_R_ / R_NT	------------------------ ------------------------ ------------------------ ------------------------ ------------------------ ------------------------
WELLNESS & BEAUTY: *Add a consonant* _AI_ _ _E_ _I_ _ _A _ O_ _EAU_ _ _A_O_ _A_I_U_E _EAU_ _ _A_E	------------------------ ------------------------ ------------------------ ------------------------
ENTERTAINMENT: *Untangle the letters* ARMLOOBL KCALTCIO OLGNEU VT ONLGUE MCANIE CNULBGTIH / ICDOS AEGSM ORMO	------------------------ ------------------------ ------------------------ ------------------------ ------------------------ ------------------------
VISITING: *Give an answer to the clue* A TOUR TO SEE THE SIGHTS A PICNIC IN A BOX FOR MIDDAY A TOUR TO SEE WILD ANIMALS	------------------------ ------------------------ ------------------------
TRANSPORT: *Translate into English* LOCATION DE VOITURE NAVETTE DE L'HÔTEL	------------------------ ------------------------

Exercice 2 Let's get down to work

Complete the letter.

Following our conversation, i would like to confirm the reservation for your c___ r___ for 3 days. There will be 20 p___ and we need f___ f___ t___ d___ including w___ access, and will require a s___ at 10am and 4pm, and a l___ m___ at midday.

The speakers will need a p___ to stand on, with a m___ to speak into, and a b___ to project the information from their computers onto a s___.

Finally, because some of the speakers are foreigners, and therefore speak in a f___ l___, we shall need an i___ for s___ t___.

Could you please confirm by return.

CORRIGÉS p. 155

55 La ville et les environs
Town and around the town

Noms

la ville .... *city / town*
le village .... *village*
la rue .... *street*
la route .... *road*
la chaussée .... *road / roadway*
le trottoir .... *pavement / sidewalk*
le chemin .... *way*
la petite route .... *lane*
le sentier .... *path*
la piste .... *track*
la place .... *square*
le rond-point .... *roundabout / traffic circle*
l'avenue .... *avenue*
le boulevard .... *boulevard*
l'impasse .... *dead end*
le parc d'attractions .... *fun fair*
le parc .... *park*
la promenade / la marche... *walk*
la carte / le plan .... *map*
l'itinéraire .... *itinerary*
les renseignements .... *information*
le paysage .... *landscape*
la vue .... *view*
la forêt..................... *forest*
la campagne................ *countryside*
la mer .... *sea*
le bord de mer.............. *seaside*
l'océan .... *ocean*
la vague .... *wave*
la marée basse .... *low tide*
la marée haute............. *high tide*
baignade interdite .... *no bathing*
baignade surveillée .... *lifeguard on duty*
le maître-nageur .... *swimming instructor*
la plage .... *beach*
le sable .... *sand*
le galet .... *pebble*
le lac .... *lake*
la rivière .... *river*
la rive .... *bank*
la digue .... *dyke*
la jetée .... *pier / jetty*

Adjectifs

touristique .... *touristy*
animé .... *busy*
calme .... *calm*
agité .... *rough*
dangereux .... *dangerous*
sûr .... *safe*
surveillé .... *guarded / supervised*

Verbes

aider .... *to help / to be of assistance*
marcher .... *to walk*
aller se promener .... *to go for a walk*
randonner .... *to hike*
traverser .... *to cross*
donner une direction ...... *to direct someone / to give directions*
se perdre .... *to get lost*

Exercice 1 Where has he been?

Match one of these words to each little holiday description.

Countryside – Seaside – Riverside – In town

1. ______________

We took our fishing rods and went down a windy path. We sat on the bank and cast our lines hoping to catch the biggest pike ever seen. 5 hour later we went back to the hotel, empty-handed.

2. ______________

We followed the receptionist's directions and walked down the pavement until we got to the roundabout. The first road we took was a dead end so we turned round and went back to the corner. This time we turned right up the tree-lined avenue, crossed the road and there ahead of us was the fun fair. We had a wonderful time.

3. ______________

We walked over the pebbles onto the hot sand, ran down to the water and jumped over the waves. Unfortunately, the lifeguard on duty told us that there was no bathing because it was an exceptionally high tide and rather dangerous. We'll go back tomorrow at low tide.

4. ______________

Once we had left the village, we had to walk a long way off the beaten track, through the forest and out into the fields before we could get to the top of the hill to see the wonderful view over the green and golden landscape we had been told about. It was exhausting, but worth it!

Exercice 2 What is the seaside town like?

Find an adjective to replace the description.

1. There is a lot of traffic and people in the streets. _ _ _ _ _ _ _ _ _ _ _
2. A lot of people come from elsewhere to visit here. _ _ _ _ _ _ _ _ _ _ _
3. There is someone on the beach for safety reasons. _ _ _ _ _ _ _ _ _ _ _
4. The sea is often far from being calm. _ _ _ _ _ _ _ _ _ _ _
5. However it is not a dangerous place to swim. _ _ _ _ _ _ _ _ _ _ _

Exercice 3 Do you think you could help us please?

Complete the conversation.

Shopper: Can I be of any a__________?

Tourist: Oh yes please! I think we have got l__________. The receptionist gave us d__________ and we do have a m__________. We just wanted to go for a short w__________ before dinner.

Shopper: Where are you heading for?

Tourist: We would like to see the d__________ by the river. I'm told it's lovely.

Shopper: That's easy. I can tell you the w_________. Just go down this s_________, through the p__________ with all those old trees, and you can't miss it – it's on the other side.

CORRIGÉS p. 156

56 Les sites touristiques
Tourist attractions

Noms

le centre ville .... *city centre / downtown*
le centre historique .... *historical centre*
l'office du tourisme .... *tourist information centre*
les curiosités .... *places of interest*
le marché .... *market*
la place .... *square*
le port .... *harbour*
le quai .... *wharf / quay*
les remparts .... *ramparts*
le château .... *château / stately home*
le château-fort .... *(fortified) castle*
la forteresse .... *fortress*
le palais .... *palace*
le manoir .... *manor*
la ruine .... *ruin*
l'arène .... *arena*
les catacombes .... *catacombs*
le cimetière .... *cemetery*
le couvent .... *convent*
l'église .... *church*
l'abbaye .... *abbey*
la cathédrale .... *cathedral*
la basilique .... *basilica*
le monastère .... *monastery*
la mosquée .... *mosque*
la synagogue .... *synagogue*
le temple .... *temple*
le jardin .... *garden*
le square .... *public garden*
le parc .... *park*
le parc naturel .... *nature reserve*
la réserve naturelle .... *game reserve*
le zoo .... *zoo*
la grotte .... *cave*
le monument .... *monument*
le musée .... *museum*
l'archéologie .... *archaeology*
l'art contemporain .... *contemporary art*
les antiquités .... *antiques*
l'exposition .... *exhibition*
l'entrée libre .... *free admission*
le guide .... *guide*
l'horaire .... *schedule*
l'œuvre .... *work*
le chef-d'œuvre .... *masterpiece / chef d' oeuvre*
le tableau .... *picture*
la peinture .... *painting*
le peintre .... *painter*
la fresque .... *fresco*
la sculpture .... *sculpture*
le sculpteur .... *sculptor*
la statue .... *statue*
la collection .... *collection*
le style .... *style*
l'époque .... *period*

Adjectifs

ancien .... *antique*
préhistorique .... *prehistoric*
primitif .... *primitive*
antique .... *antique*
baroque .... *baroque*
médiéval .... *medieval*
romain .... *roman*

Exercice 1 Places to visit

Choose the right answer.

1. A place where ships are moored to load and unload.
a. wharf b. warf c. woof

2. A place where goods are bought and sold in the open.
a. marchet b. markit c. market

3. A place where nuns live / lived, often next to a church or abbey.
a. convert b. couvert c. convent

4. A place where monks live / lived, often next to a church or abbey.
a. monastary b. monastery c. monastory

5. A place where boats can take shelter and berth.
a. harbour b. harber c. harbre

6. A natural underground chamber in a cliff or hillside.
a. cave b. carve c. caive

7. A building where you can find historical, scientific, artistic or cultural exhibitions.
a. muse b. museum c. musium

8. The other word for the centre of town is
a. centre town b. mid-town c. downtown

9. A very large private house which is not fortified is called a
a. stately home b. castle c. house

10. A place where you can ask for information about what to visit is a tourist...
a. informative entre b. information centre c. informative office

Exercice 2 What might you be interested in seeing?

Match the column on the left to the column on the right.

1. A game reserve or a zoo	A. An ancient 2- or 3-dimensional representation.
2. A baroque masterpiece	B. A very old carved figure with a simple form.
3. An art exhibition	C. A collectible object of high value because it is old.
4. A contemporary painting	D. Where animals are in cages or roaming free.
5. A primitive statue	E. Somewhere you don't have to pay.
6. Archeology	F. A showing where you can see paintings, statues, photos, etc.
7. A roman fresco	G. Someone who can tell you about everything.
8. Antique sculptures	H. Prehistoric people and their culture.
9. A medieval monument	I. A chef d'oeuvre from the 17th or 18th century.
10. A collection of antiques	J. A building dating back to the Middle Ages.
11. A guide to show us around	K. A modern, recently painted picture.
12. Anything with free admission	L. A painting on a wall, often in a church.

CORRIGÉS p. 156

57 Les transports
Transport

Noms

les moyens de transport .... *means of transport*
les transports en commun .. *public transport*
le bus. .... *bus*
l'autocar .... *coach*
l'arrêt de bus .... *bus stop*
l'abribus .... *bus shelter*
la gare routière .... *coach station*
le chauffeur de bus. .... *bus driver*
le tramway .... *tram*
la navette .... *shuttle*
le métro .... *tube (GB) / underground (GB) / subway (US)*
la ligne .... *line*
la station / l'arrêt .... *stop*
le train .... *train*
le TGV .... *high-speed train*
le train de banlieue. .... *commuter train*
le train grandes lignes ...... *inter-city train*
le wagon .... *carriage (GB) / car (US)*
le wagon-restaurant .... *dining car*
le compartiment .... *compartment*
le quai .... *platform*
la voie ferrée .... *track*
la gare .... *station*
la correspondance .... *connection*
le bateau .... *ship*
la péniche .... *barge*
le paquebot .... *liner*
le ferry .... *ferry*
la passerelle. .... *gangway*
le prix (trajet). .... *fare*
le billet .... *ticket*
le guichet .... *ticket office*
le contrôleur .... *ticket collector*
la place .... *seat*
le passager .... *passenger*
l'aller simple .... *single ticket*
l'aller-retour. .... *return ticket*
le plein tarif .... *full fare*
le tarif réduit .... *reduced fare*
la consigne .... *left-luggage lockers*
le départ .... *departure*
l'arrivée .... *arrival*
le vélo .... *bicycle*
la piste cyclable .... *bicycle / cycling track*
la moto .... *motorbike*
le scooter .... *scooter*

Adjectifs

à l'heure .... *on time*
en retard .... *late*
annulé .... *cancelled*
confortable .... *comfortable*
climatisé .... *air-conditioned*
bondé .... *packed*
direct .... *through*

Verbes

réserver .... *to book*
composter .... *to stamp*
prendre un train .... *to catch a train*
monter à bord .... *to go on board*
voyager en train / en bus. ... *to travel by train / by bus*
faire du vélo. .... *to cycle*

Exercice 1 Top and tail

Match the collocations.

1. High speed •	• train
2. Bus •	• fare
3. Left luggage •	• station
4. Inter-city •	• office
5. Return •	• stop
6. Bus •	• train
7. Full •	• train
8. Ticket •	• shelter
9. Commuter •	• ticket
10. Ticket •	• locker
11. Reduced •	• transport
12. Single •	• collector
13. Public •	• driver
14. Bus •	• fare
15. Coach •	• ticket

Exercice 2 Transport words

Add a vowel to find a travel word.

1. SH_TTL_
2. _ND_RGR_ _ND
3. B_RG_
4. PL_TF_RM
5. C_ _ CH
6. B_CYCL_
7. M_T_RB_K_
8. B_S
9. ST_T_ _N
10. TR_M
11. F_RRY
12. D_N_NG C_R
13. SC_ _ T_R
14. C_MP_RTM_NT
15. G_NGW_Y
16. TR_CK

Exercice 3 What an adventure!

Fill the gaps. Don't forget to put the verbs in the right tense.

We b_____ our holiday on-line for the first time. So we wondered what it would be like. We t_____ b_____ bus to get to the station, and then b_____ train to get to the port. We only just managed to c_____ the train because the bus was running l_____! The ticket collector s_____ our tickets and didn't make us pay a fine*. There were so many passengers – the train was p_____ but it was a t_____ train so we travelled fast. We got to the port and w____ o__ b_____ the cruise liner. The ship is really c_____, the rooms are a___-c_____. We pulled out of the harbour o__ t_____ and our holiday really began. We c_____ around amazing Greek villages and only one of the visits was c_____ because of bad weather.

*Fine = amende.

ENTRAÎNEZ-VOUS

CORRIGÉS p. 156

58 La météo
The weather

Noms

le temps .... *weather*
les prévisions météo........ *weather forecast*
le climat .... *climate*
le degré.................... *degree*
les variations
de température .... *temperature variations*
le soleil .... *sun*
le rayon de soleil.......... *sunbeam*
l'éclaircie .... *bright intervals*
l'arc-en-ciel .... *rainbow*
la pluie .... *rain*
l'averse .... *shower*
le crachin .... *drizzle*
la grêle .... *hail*
le vent .... *wind*
le nuage .... *cloud*
l'orage .... *storm*
la tempête .... *tempest*
les éclairs................. *lightning*
le tonnerre .... *thunder*
l'ouragan .... *hurricane*
la tornade .... *tornado*
le gel...................... *frost*
le brouillard .... *fog*
la neige.................... *snow*
la glace.................... *ice*
le verglas .... *black ice*
la canicule .... *heatwave / dog days*

Adjectifs

ensoleillé .... *sunny*
modérément chaud .... *warm*
chaud .... *hot*
très chaud.................. *boiling*
lourd .... *close / sultry*
humide .... *damp*
doux .... *mild*
variable .... *changeable*
agréable .... *pleasant*
sec .... *dry*
tropical .... *tropical*
équatorial .... *equatorial*
tempéré .... *temperate*
continental .... *continental*
désertique .... *desert*
froid .... *cold*
frais .... *cool*
glacial .... *ice-cold / freezing*
gelé .... *frozen*
pluvieux .... *rainy*
couvert .... *overcast*
nuageux .... *cloudy*
dégagé .... *cloudless*

Verbes

briller .... *to shine*
Il pleut à verse............ *It's pouring.*
Il grêle.................... *It's hailing.*
grêler .... *to hail*
neiger .... *to snow*
fondre .... *to melt*
Quel temps fait-il ? .... *What's the weather like?*

Exercice 1 Climatic confusions

Correct the common mistake.

1. It is shiny today – I just love the sun.
2. Yesterday was very humide – it drizzled all day long.
3. How is the weather in Italy?
4. Winter is over and the snow is unfreezing at last.
5. It's really a dessert climate – hot and dry.

Exercice 2 What's the weather forecast?

Replace the phrase in italics by a word.

1. Tomorrow it will be with no clouds at all and it will be *the opposite of wet.*
2. Be careful there will be *ice you cannot see* on the roads.
3. There will be *little patches of sunny weather* and some air currents.
4. Protect your fruit – there will be *pellets of frozen rain* and *light bursts of precipitation.*
5. The *strong weather* will bring *flashes of light* and *crashing sounds from the clouds.*
6. After the rain and sun, look for the pot of gold and the end of the *colour spectrum.*
7. Drink a lot of water during the *period of excessively hot weather.*
8. The *very heavy mist* will reduce visibility and make driving difficult in the early hours.
9. *Light white flakes* will fall all day and the sky will be *covered with clouds.*
10. There may be a *light freeze* in the morning.
11. The weather by the sea will be *changing all the time* but generally *agreeable.*
12. Here we have a temperate *region with particular weather conditions.*

Exercice 3 Temperature variations

Put the following words into the right order from coldest to hottest.

warm – cold – boiling – mild – hot – freezing – cool

Exercice 4 Other weather conditions

Translate into English.

1. rayon de soleil : ……………………………………………………………………………
2. ouragan : ……………………………………………………………………………
3. pluvieux : ……………………………………………………………………………
4. lourd : ……………………………………………………………………………
5. sec : ……………………………………………………………………………
6. tempête : ……………………………………………………………………………
7. nuageux : ……………………………………………………………………………
8. degré : ……………………………………………………………………………

ENTRAÎNEZ-VOUS

CORRIGÉS p. 157

59 Se repérer dans le temps
Time

Noms

le temps .... *time*
la durée .... *duration / length of time*
le jour .... *day*
le matin .... *morning*
l'après-midi .... *afternoon*
le soir .... *evening*
ce soir / cette nuit......... *tonight*
hier soir .... *last night*
la nuit .... *night*
la semaine .... *week*
la quinzaine .... *fortnight*
le mois .... *month*
le trimestre .... *term (school) / quarter*
le semestre................ *semester*
l'année .... *year*
aujourd'hui .... *today*
hier .... *yesterday*
demain .... *tomorrow*
après-demain .... *the day after tomorrow*
avant-hier .... *the day before yesterday*
la veille .... *the day before*
l'heure.................... *the time*
Il est ... . *It is ...*
1 heure .... *one o' clock*
1 heure et quart .... *quarter past one*
1 heure et demie........... *half past one*
1 heure moins le quart ..... *quarter to one*
à 1 heure .... *at one*
midi .... *noon / midday*
minuit .... *midnight*
24h/24 .... *24 hours a day*
le jour .... *day*
lundi .... *Monday*
mardi .... *Tuesday*
mercredi .... *Wednesday*
jeudi .... *Thursday*
vendredi .... *Friday*
samedi .... *Saturday*
dimanche .... *Sunday*
le mois .... *month*
janvier .... *January*
février .... *February*
mars .... *March*
avril .... *April*
mai .... *May*
juin .... *June*
juillet .... *July*
août .... *August*
septembre .... *September*
octobre .... *October*
novembre .... *November*
décembre .... *December*
la saison .... *season*
l'hiver .... *winter*
le printemps .... *spring*
l'été .... *summer*
l'automne .... *autumn / fall*

Adjectifs/adverbes

tard .... *late*
tôt .... *early*
à l'heure .... *on time*
en retard .... *late*
toujours .... *always*
jamais .... *never*
quelquefois .... *sometimes*
de temps en temps .... *from time to time*
tout de suite .... *right/straight away*

Faites attention. Beaucoup d'anglophones n'utilisent pas le système à 24 heures. Cela signifie que s'ils vous disent *9 o'clock*, ils peuvent vouloir dire 9 h 00 ou 21 h 00 ! Mieux vaut vérifier.

Exercice 1 What's that in French?

Write the French equivalent.

During the day

a. (in the) morning ______________________

b. (in the) afternoon ______________________

c. (in the) evening ______________________

d. (at) night ______________________

Days

a. today ______________________

b. tomorrow ______________________

c. the day after tomorrow ______________________

d. yesterday ______________________

e. the day before yesterday ______________________

f. the day before ______________________

g. last night ______________________

h. tonight ______________________

Weeks / months / years

a. fortnight ______________________

b. quarter ______________________

c. semester ______________________

Exercice 2 What's the time?

Say the following « French times » in English using a 12-hour clock.

a. midi
b. 10 heures du matin.
c. quatorze heures quinze
d. minuit
f. dix-sept heures trente
e. huit heures moins le quart

Now do the same for certain expressions:

g. à 15 heures
h. tard / en retard
i. quelquefois
j. 24/24
k. tôt
l. toujours
m. tout de suite
n. à l'heure

Exercice 3 Every year it's the same

Add a consonant to the days, the months, and the seasons.

Days: MO_ _ A_, _UE_ _A_, _E_ _E_ _A_, _ _ U_ _ _ A_, _ _ I_ A_, _A_U_ _A_, _U_ _A_

Months: JA_UA_ _, _E_ _ UA_ _, _A_ _ _, A_ _ I_, _A_, _U_E, _U_ _, AU_U_ _, _E_ _ E_ _ E_, O_ _O_ E_, _O_E_ _E_, _E_E_ _ E_

Seasons: SP_I _ _, _U _ _ E_, AU_U_ _, _I_ _E_

ENTRAÎNEZ-VOUS

CORRIGÉS p. 157

60 Se repérer dans l'espace
Finding the way around

Prépositions et adverbes

à .... *at*
à côté de .... *next to*
à droite de .... *on the right of*
à gauche de .... *on the left of*
à l'extérieur .... *outdoors / outside*
à l'intérieur............... *indoors / inside*
à travers / par .... *through / across*
au bout de .... *at the end of*
au-dessous de............... *below*
au-dessus de .... *above*
au milieu .... *in the middle*
contre .... *against*
dans (sans mouvement) ...... *in*
dans (avec mouvement)....... *into*
de .... *from*
dedans .... *inside*
dehors .... *outside*
de l'autre côté .... *on the other side*
de l'autre côté de .... *across*
derrière.................... *behind*
devant .... *in front of*
devant (passer devant) ..... *past*
vers le bas .... *down*
vers le haut .... *up*
en bas de .... *at the bottom of*
en haut de .... *at the top of*
en face de .... *opposite / in front of*
entre .... *between*
face à .... *facing*
horizontalement .... *horizontally*
verticalement............... *vertically*
hors de .... *outside of*
ici .... *here*
là-bas .... *there / over there*
le long de .... *along*
loin de .... *far from*
n'importe où .... *anywhere*
nulle part .... *nowhere*
parmi .... *among*
par-dessus .... *over*
près de .... *near / close to*
près d'ici .... *nearby*
quelque part .... *somewhere*
sur .... *on*
sous .... *under*
tout droit .... *straight ahead*
vers .... *towards*
dans le jardin .... *in the garden*
sur la terrasse .... *on the terrace*
au soleil .... *in the sun*
à l'ombre .... *in the shade*
dans un coin tranquille ..... *somewhere cosy*

Verbes

tourner .... *to turn*
monter .... *to go up*
descendre .... *to go down*
traverser .... *to cross*
avancer..................... *to move forward*
reculer .... *to move back*
se baisser .... *to bend down*
plier .... *to bend*

Exercice 1 Where would you like to sit?

Put a suitable preposition (or other word) in the gap (there may be more than one possible answer).

1. I don't want to stay inside, let's go o_____ .
2. It's chilly in here. Could we sit n_____ the fireplace?
3. The door to the bar is just on the r_____ of the stairs.
4. Let's just have a drink – we could sit i____ the bar.
5. The roof garden is a___ t___ t___ o___ the stairs.
6. I don't want to get too much sun, so a table in the s____ please.
7. The night club is right a___ t___ e___ o___ the corridor.
8. The best table is the round one i___ t___ m___ of the restaurant.
9. I'm sorry but we don't really want to sit i___ f___ o___ the kitchen door.
10. I want to get tanned, could we sit in the s_____ please.
11. It would be nice to have drinks before our meal on the t_____ .
12. As it's raining outside, I suggest we go i_____.
13. The restaurant is in the wine cellar, a___ t___ b___ o___ the stairs.
14. It's such a beautiful view. Could we have a table f____ the sea?
15. We are a romantic couple, we would like somewhere c_____.

Exercice 2 Giving directions

Untangle the words in capital letters.

Tourist: Excuse me. Could you tell me how to get to a ABNYRE museum please?

Hotel doorman: Yes, of course. First of all you go ONDW the hill ATDORSW the river. You have to OSCRS the river so go VEOR the bridge and when you are NO TEH EORHT SDIE walk DBHNEI the buildings until you get to the old town.

Tourist: Is it a long way?

Hotel doorman: Oh, it's only about 2 kilometres in all. Then you just go PU the cobbled street, URTN right TA the baker's shop, TGRUHHO the old town gates, and the museum is ASTHRGIT HADAE of you. There's a really nice little snack bar NI ETH GDREAN.

Tourist: How long will it take?

Hotel doorman: ENRDU half an hour I think, and it's a pleasant walk.

Tourist: Thank you very much.

Exercice 3 Vertically, horizontally, etc.

Find 14 prepositions and adverbs in the word snake.

alongabovepastnowhereonintobetweenanywhereacrossupsomewherebelowamong against

CORRIGÉS p. 158

61 Poids, mesure et conversion
Weights, measures, conversion

Noms

la dimension .... *size / dimension*
le poids.................... *weight*
la mesure .... *measurement*
la température .... *temperature*
le degré.................... *degree*
le kilo...................... *kilo*
la tonne .... *ton*
le gramme .... *gram*
le gallon .... *gallon*
le mètre (carré) .... *(square) meter (US) / metre (GB)*
la surface .... *surface area*
capacité .... *capacity*

Adjectifs

large .... *wide*
étroit .... *narrow*
grand .... *large / tall*
petit .... *small*
haut .... *high*
lourd .... *heavy*
léger .... *light*

Verbes

peser .... *to weigh*
mesurer .... *to measure*

Temperature

Celsius → Fahrenheit (eg. 27°C)
– take away 2 27 – 2 = 25
– multiply by 2 25 x 2 = 50
– Add 30 50 + 30 = 80°F
Fahrenheit → Celsius (eg. 80°F)
– take away 30 80-30 = 50
– divide by 2 50 / 2 = 25
– add 2 25 + 2 = 27°C

Distances

Kilomètres (km)	Km or miles	Miles
1,609	1	0.621
8,047	5	3.107
16,093	10	6.214
32,187	20	12.427
80,467	50	31.069

Calculation:
Km → miles
Divide kilometres by 3, multiply by 2
96kms: 3 = 32 x 2 = 64 miles
Miles → Km
Take away the number on the right and multiply by 6, then add to miles.
90 miles = 9 x 6 = 54 90 + 54 = 144

Lengh

Centimètres (cm)	Cm or inches (in)	Inches
2,54	1	0.394
12,70	5	1.969
25,40	10	3.937
50,80	20	7.874
127,00	50	19.685

Weight

Kilogrammes	Kg or lb	Pounds (lb)
0,454	1	2.205
2,268	5	11.023
4,536	10	22.046
9,074	20	44.092
22,680	50	110.231

Liquids

Litres	Litres or UK gallons	UK gallons
4,546	1	0.220
22,730	5	1.100
45,450	10	2.200
90,919	20	4.399
227,298	50	10.998

Exercice 1 Thinking in English

Rewrite the lists of ingredients, (putting the numbers in digits not letters), as quickly as you can.

1. Eighty-four g plain chocolate
2. One hundred and seventy five g butter
3. Three hundred g soft light brown sugar
4. Fifty-five g eggs, beaten
5. One hundred and fifty ml boiling water
6. Two hundred and eighty g plain flour
7. One hundred and seven ml sourced cream
8. Ninety-nine g sliced pears.

Exercice 2 Kilos and things

Solve the puzzle with the clues and find the hidden word.

1			M	_	_	_	_						
2	D	_	_	_	_	_							
3			D	_	_	_	_	_	_	_	_		
4			C	_	_	_	_	_	_	_			
5				W	_	_	_	_	_				
6			S	_	_	_	_	_	_	A	_	_	_
7				G	_	_	_	_	_				
8					T	_	_						
9	M	_	_	_	_	_	_	_	_	_	_		
10				G	_	_	_						
11		S	_	_	_								

1. A unit of length equivalent to about 39 inches.
2. Centigrade or Fahrenheit – you may need to convert the oven temperature.
3. Measurements of width, depth, and height for example.
4. The amount a container can contain – often measured in cubic c......
5. How heavy something is.
6. The extent of a 2-dimensional surface – length by width.
7. A liquid quantity – thc UK version is the equivalent of about 4.546 litres.
8. Something which is really heavy – a colloquial expression says: "It weighs a ..."!
9. The result of measuring the length, size or amount of something.
10. One thousandth of a kilogram – often used in cooking.
11. How big or small something is.
12. Is it hot or is it cold?

CORRIGÉS p. 158

1 Le personnel et les catégories de restaurants / *Staff and types of restaurant*

Exercice 1 › P. 9

A. Head chef / Head cook – B. Sauté chef / sauce chef – C. Pastry chef – D. Roast chef – E. Fish chef – F. Assistant chef – G. Deputy chef / under chef / sous-chef – H. Assistant chef – I. Deputy chef / under chef / sous-chef – J. First (line) cook / section head – K. Second (line) cook – L. First (line) cook / section head – M. Second (line) cook – N. Trainee chef / trainee commis chef – O. Chef's assistant / commis – P. Trainee chef / trainee commis chef – Q. Chef's assistant / commis – R. trainee – S. Dish washer – T. Floater – U. Apprentice

Exercice 2 › P. 9

1. A helpful bartender
2. A quick waiter/waitress
3. An efficient doorman
4. A trainee cashier
5. Busy cleaning staff
6. A polite head waiter / maître d'hôtel
7. A short-staffed restaurant

Exercice 3 › P. 9

1. *pancake house* – replaces
2. carry out / execute – *brasserie*
3. prepares / makes – *gourmet restaurant*
4. train
5. work in shifts
6. finalizing a dish (also: to put the finishing touches to a recipe / dish)
7. is in charge of / responsible for – oversees
8. to be on duty / on call

ethnic restaurant (Attention : différence entre "on duty" = être de service / "on call" = être d'astreinte)

2 La tenue professionnelle / *Professional attire*

Exercice 1 › P. 11

1. Chef's hat
2. Chef's necktie
3. Name tag
4. Chef's coat / cook's coat
5. Dish cloth
6. Apron
7. Trousers
8. Shoes

Exercice 2 › p. 11

1. sleeves – buttons
2. white – hounds tooth
3. skirt – tights
4. potholder – oven mitt
5. leather – cotton
6. comfortable – fireproof
7. laundry – ironed – starched
8. stains – marks

Exercice 3 › p. 11

1. wear – **2.** non-slip – **3.** tie (up) – **4.** tie back – **5.** double-breasted – buttoned up – **6.** disposable

3 Le local cuisine / *The kitchen*

Exercice 1 › p. 13

1. Locker room – **2.** Storekeeper's office – **3.** Dry store + cold store – **4.** Dustbin area – **5.** Vegetable processing area – **6.** Chef's office – **7.** Larder – **8.** Washing up area – **9.** Cake and pastry laboratory – **10.** Cooking line / area – **11.** Cooking stations – **12.** Pick up area / serving counter

Exercice 2 › p. 13

1. dustbin (the others are all for washing up) – **2.** work top (the others are all for storing things) – **3.** extractor hood (the others are all for cooking on) – **4.** hatch (the others are all kinds of cold storage) – **5.** flame (the others are all electrical appliances) – **6.** dry (all the others are oven temperatures)

Exercice 3 › p. 13

1. E – **2.** C – **3.** A – **4.** B – **5.** F – **6.** D

4 Les normes d'hygiène / *Hygiene standards*

Exercice 1 › p. 15

1. instructions – **2.** hygiene standards – **3.** dirty circuit and clean circuit – **4.** legislation – **5.** medical examination (/a medical / a physical) – **6.** gloves – **7.** infection – **8.** disinfectant (/ bactericides / biocidal products) – **9.** fungicides – **10.** packaging – **11.** use by date – **12.** best before date – **13.** label – **14.** expired – **15.** red label – **16.** regional label – **17.** origin – **18.** food safety.

Exercice 2 › p. 15

1. C – **2.** I – **3.** E – **4.** B – **5.** G – **6.** A – **7.** H – **8.** F – **9.** D

5 Les normes de sécurité et les premiers secours / *Safety standards and first aid*

Exercice 1 › p. 17

1. smokefree – **2.** safety gloves – **3.** safety footwear – **4.** fire retardant – **5.** smoke detectors – **6.** fire extinguishers – **7.** ventilation – **8.** flammable substances – **9.** gas – **10.** alarm – prevention

Exercice 2 › p. 17

forbidden – smoking ban – observe – alarm – evacuate – fire-pump – firemen – rescue – emergencies – contain – limit the spread – safe – devastating – cause

Exercice 3 › p. 17

1. cut – **2.** sticking plaster – **3.** bleeds – call a doctor – **4.** cotton wool – dressing.

6 Les achats et le stockage / *Purchasing and storage*

Exercice 1 › p. 19

1. fish – **2.** foodstuffs – **3.** cooked pork meats – **4.** fresh products – **5.** storage – **6.** fruit & vegetables – **7.** groceries – **8.** bread & bakery items – **9.** dairy products – **10.** frozen food – **11.** meat – **Hidden word:** storage area

Exercice 2 › p. 19

1. The price is cheaper if you buy goods wholesale and not retail. Check the competition.
2. Ask for information about the after-sales service and the guarantee.
3. Some suppliers have a wider product range and more ecological packaging.
4. Make sure the seller respects your specifications.
5. Manage your inventory, order more goods before you are out of stock.
6. Store fresh vegetables at a cool temperature, and red wine at room temperature.

7 La coutellerie / *Knives*

Exercice 1 › p. 21

1. peel, shape – **2.** fillet, chop finely – **3.** slice, mince, chop – **4.** pare, cut into slices / cubes – **5.** crush – **6.** debone – **7.** turn – **8.** cut

Exercice 2 › p. 21

1. a knife-sharpener / a grindstone – **2.** apple corer – **3.** pizza cutter – **4.** herb scissors – **5.** grapefruit knife – **6.** oyster knife / opener – **7.** butter curler – **8.** zester.

Exercice 3 › p. 21

1. stainless steel, silver – 2. cutlery, polished – 3. handle, wood, clean – 4. tidy.

8 Les ustensiles et les plats / *Utensils and dishes*

Exercice 1 › p. 23

1. Bread knife – 2. Dessert spoon – 3. Dessert fork – 4. Small fork – 5. Big fork – 6. Big knife – 7. Small knife – 8. Soup spoon – 9. Teaspoon – 10. Coffee spoon – 11. Table fork – 12. Tablespoon
NB. 1. A cake fork, fish knife and fish fork can also be used but are not very common these days. 2. A tablespoon and a teaspoon are often used as units of measure in English recipes.

Exercice 2 › p. 23

1. corkscrew – 2. ice cream scoop – 3. scales – 4. thermometer – 5. oven gloves – 6. rolling pin – 7. ladle – 8. masher – 9. nutcracker – 10. garlic press.

Exercice 3 › p. 23

1. A – 2. B – 3. C – 4. B – 5. A

9 La batterie de cuisine et les matériaux / *Cookware and material*

Exercice 1 › p. 25

1. chip pan – 2. meat slicer – 3. handle – 4. food processor – 5. potato peeler – 6. mincer / grinder – 7. lid – 8. salad spinner – 9. blender – 10. pasta maker.

Exercice 2 › p. 25

1. stewpot – 2. rack – 3. fish kettle – 4. skillet – 5. Dutch – 6. pressure cooker – 7. deep frying pan – 8. pot rack

Exercice 3 › p. 25

1. Silver or gold cutlery would look nice with the china.
2. Pretty copper pots and pans (/ cookware) with a cast-iron casserole.
3. Aluminium frying pans with a non-stick surface.
4. An ovenproof earthenware casserole dish.
5. A stainless steel saucepan with a glass lid.
6. Remember, pewter should be used for serving but not for cooking.
7. A rectangular wooden or silicone chopping board.
8. One packet of each: shrink wrap, aluminium foil and greaseproof paper.

10 Les poissons : généralités / *Fish: general*

Exercice 1 › p. 27

1. a – **2.** b – **3.** b – **4.** a – **5.** b – **6.** c

Exercice 2 › p. 27

1. eyes – **2.** mouth – **3.** gills – **4.** head – **5.** tail – **6.** flesh – **7.** back bone – **8.** fin

Exercice 3 › p. 27

1. washed, scaled, cleaned out and trimmed – **2.** skin, bone – **3.** raw – marinated – **4.** breadcrumbs – **5.** shelled – peeled – **6.** fishbone

11 Les poissons et crustacés (A → K) / *Fish and shellfish (A → K)*

Exercice 1 › p. 29

O	Y	S	T	E	R													B	
		T							G		S		P	L	A	I	C	E	
		U					W		U		W		I					L	
S	H	R	I	M	P		H	A	D	D	O	C	K		C			U	
		G					I		G		R		E		A			G	
B	R	E	A	M			T		E		D				V			A	
		O					E		O		F	S	Q	U	I	D			
		N			P		B		N		I				A				
					R		A				S	E	A	B	R	E	A	M	
					A		I				H								
F	R	E	S	H	W	A	T	E	R	C	R	A	Y	F	I	S	H		
	A				N					R						N			
	Z							B		A						A		S	
D	O	G	F	I	S	H		R		B	A	S	S			I		C	
	R							E						E	E	L		A	
	S	M	O	K	E	D	H	A	D	D	O	C	K					L	
	H							M				A			B	R	I	L	L
H	E	R	R	I	N	G						R						O	
	L								K	I	P	P	E	R				P	
	L						S	T	U	R	G	E	O	N	R	O	E	S	

Exercice 2 › p. 29

1. mahi-mahi – 2. sea scorpion – 3. gambas – 4. whelk – 5. anchovy – 6. hake – 7. tiny eel – 8. spider crab – 9. squid – 10. cockles – 11. halibut – 12. winkle

12 Les poissons et crustacés (L → Z) / *Fish and shellfish (L → Z)*

Exercice 1 › p. 31

Sea fish: pollack, monkfish, mackerel, shark, sardine, tuna
Freshwater fish: catfish, pikeperch, tench, trout, burbot, perch
Shellfish: spiny lobster, Dublin bay prawn, mussel, clam, queen scallop, cuttlefish

Exercice 2 › p. 31

1. whiting – 2. skate – 3. John Dory – 4. smoked salmon – 5. octopus – 6. rainbow trout – 7. (sea) urchin – 8. sea bass – 9. moray – 10. dogfish

Exercice 3 › p. 31

1. C – 2. D – 3. F – 4. I – 5. G – 6. A – 7. J – 8. B – 9. H – 10. E

13 La viande : généralités / *Meat: general*

Exercice 1 › p. 33

raw – underdone – very rare – rare – medium – well-done – overdone

Exercice 2 › p. 33

1. stew – 2. baste – 3.grill / broil – 4. reduce – 5. mince – 6. fry – 7. stud with garlic – 8. tenderize – 9. bone – 10. thicken – 11. trim / remove the fat – 12. slice

Exercice 3 › p. 33

1. C – 2. E – 3. A – 4. F – 5. B – 6. D

14 Les ovins et les porcins / *Sheep and Pigs*

Exercice 1 › p. 35

1. rind – 2. pork chop – 3. tenderloin – 4. shoulder – 5. collar butt – 6. trotter – 7. ham hock – 8. rib end

Exercice 2 › p. 35

1. bacon cube – 2. lean ham – 3. rindless – 4. sow – 5. suckling pig – 6. smoked ham – 7. black pudding – 8. spare ribs – 9. sausage – 10. potted meat

Exercice 3 › p. 35

1. C – 2. F – 3. E – 4. A – 5. D – 6. B

15 Les bovins / *Bovine animals*

Exercice 1 › p. 37

1. chuck – 2. rib – 3. short loin – 4. sirloin – 5. tenderloin – 6. top sirloin – 7. bottom sirloin – 8. round – 9. et 10. shank – 11. flank – 12. plate – 13. brisket

Exercice 2 › p. 37

1. neck & clod – 2. chuck & blade – 3. fore rib – 4. sirloin – 5. rump – 6. silverside – 7. topside – 8. thick flank – 9. leg – 10. flank – 11. thin rib – 12. thick rib – 13. brisket – 14. shin

16 Le gibier / *Game*

Exercice 1 › p. 39

1. boar – 2. pheasants, hares – 3. stag, antlers – 4. hung, plucked – 5. singe, gut – 6. game stock – 7. stuffing, truss – 8. fur – 9. chamois, roebuck – 10. venison.

Exercice 2 › p. 39

1. duck – 2. partridge – 3. pigeon – 4. grouse – 5. snipe – 6. quail

17 La volaille / *Poultry*

Exercice 1 › p. 41

1. neck – 2. forequarter (breast & wing) – 3. joint wing – 4. breast (with skin) – 5. whole leg – 6. leg quarter – 7. drumstick – 8. thigh – 9. breast fillet (skinned) – 10. oyster – 11. mid-joint wing – 12. wing tip – 13. drumette – answer to question: croupion

Exercice 2 › p. 41

1. Peking duck – 2. goose foie gras & duck foie gras – 3. duck in orange sauce – 4. wishbone – 5. Bresse chicken – 6. turkey – 7. muscovy duck – 8. malard duck.

18 Les œufs et les tripes / *Eggs and tripe*

Exercice 1 › p. 43

Ingredients: 2 eggs (separate whites and yolks) – 1/2 cup milk (125 ml) – 2 tbsp butter (5ml) – 2 tbsp flour – 3/4 cup cheese (150g)

Preheat the oven to 180°c. Butter and flour a large baking dish. Separate the eggs; be careful not to put any shell in. Prepare the basic roux. Add the heated milk little by little. Reduce the heat and add the egg yolks. Whisk well. Keep at a low temperature. Slowly add cheese (and a tsp mustard, salt and pepper if required). Mix. Beat egg whites to form stiff peaks. Fold slowly into cheese sauce mixture. Bake 30-35 minutes and serve immediately.

Exercice 2 › P. 43

1. scrambled eggs – **2.** egg mayonnaise – **3.** baked eggs – **4.** hard-boiled egg – **5.** poached egg – **6.** fried egg – **7.** soft boiled egg – **8.** eggs in aspic / in jelly

Exercice 3 › P. 43

1. C – **2.** H – **3.** F – **4.** A – **5.** L – **6.** J – **7.** G – **8.** B – **9.** K – **10.** E – **11.** I – **12.** E

19 Les légumes : généralités / *Vegetables: general*

Exercice 1 › P. 45

1. frozen – **2.** seasonal – **3.** raw – **4.** fresh – **5.** dry, tinned – **6.** withered, rotten – **7.** mashed – **8.** sticks

Exercice 2 › P. 45

1. Preparation: draw out the moisture, pod, remove leaves/stalk, shell, soak, sort, stem, string, wash – **2.** With a knife or other utensil: chop finely, cut coarsely, cut into slivers, dice, grate, peel, slice – **3.** Cooking methods: blanch, boil, fry, sauté, steam

Exercice 3 › P. 45

1. The main stem of the plant: stalk – The part which attaches the plant to the ground: root – Usually green and attached to the stalk: leaf
2. An elongated container for peas for example: pod – The thin outer covering: skin – The soft inside part of the vegetable: flesh
3. The reproductive part of a plant: seed – The pointed or rounded end: tip – The edible part of a nut or seed within a hard shell: kernel

20 Les légumes (A → G) / *Vegetables (A → G)*

Exercice 1 › P. 47

Dwarf kidney beans – cucumber – fennel – shallot – chard – clavaria
Garlic – cauliflower – marrow – pumpkin – chicory – broccoli – artichoke
Cabbage – celery – gumbo – kale – courgette – gherkin – spinach – broad bean – watercress – kohlabi

Exercice 2 › P. 47

Mushroom: boletus – button – cep – chanterelle – parasol
Seed: caraway – mustard – pumpkin – sesame – sunflower

Exercice 3 › P. 47

1. L – 2. F – 3. K – 4. H – 5. A – 6. E – 7. I – 8. B – 9. G – 10. D – 11. C – 12. J

21 Les légumes (H → Z) / *Vegetables (H → Z)*

Exercice 1 › P. 49

1. truffle – 2. sweet potato – 3. black eyed bean – 4. French bean – 5. Jerusalem artichoke – 6. Chinese leaves – 7. cherry tomato – 8. lamb's lettuce – 9. horse radish – 10. butter bean

Exercice 2 › P. 49

1. radish – 2. tomato – 3. lettuce – 4. rocket – 5. mesclun – 6. soya bean – 7. dandelion – 8. new potatoes – 9. cos lettuce – 10. batavian endive

Exercice 3 › P. 49

1. leek – 2. red/green pepper – 3. mung bean – 4. corn on the cob – 5. turnip – 6. parsnip – 7. chickpeas – 8. onion – 9. pumpkin – 10. swede – 11. yam – 12. dried bean – 13. lentils – 14. runner bean – 15. nettle – 16. salsify – 17. cassava – 18. maize / corn – 19. red (kidney) bean – 20. morel

22 Les céréales, le riz et les pâtes / *Cereals, rice and pasta*

Exercice 1 › P. 51

First, check the cooking times on the PASTA packet. FRESH white PASTA should take less time to cook than dried pasta or WHOLEMEAL pasta.
Pasta should be served AL DENTE. If cooked for too long it becomes PASTY and sometimes even STICKY.
BRING the water TO THE BOIL and put in the pasta immediately. COVER the pan so the water boils again and cook for the amount of time marked on the packet. When cooked, STRAIN and serve immediately. SPRINKLE WITH grated cheese or parmesan for taste.

Exercice 2 › P. 51

1. whole rice – 2. jasmine rice – 3. pilaff / pilau rice – 4. wild rice – 5. fried rice – 6. sticky – 7. creole – 8. round grain rice – 9. rice pudding – 10. long grain rice – 11. basmati – 12. Short-grained rice

Exercice 3 › p. 51

			M																
L	A	S	A	G	N	A				R					B		B		M
			C							A					U		U		A
			A			F				V	E	R	M	I	C	E	L	L	I
	C	E	R	E	A	L	S			I					K		G		Z
	O		O			A			H	O	P	S			W		H		E
B	R	A	N			K		N		L					H		U		
	N		I		S	E	M	O	L	I	N	A			E		R		Q
	S			R		S		O							A				U
	T			Y				D	T	A	G	L	I	A	T	E	L	L	I
B	A	R	L	E	Y			L								G			N
	R			M	I	L	L	E	T							G			O
	C		O					S								P			A
W	H	E	A	T								F	A	R	F	A	L	L	E
			T													S			
C	O	U	S	C	O	U	S			S	P	A	G	H	E	T	T	I	
																A			

23 Les fruits : généralités / *Fruit: general*

Exercice 1 › p. 53

1. Grate the lemon zest and add to soufflé to give extra flavour. – 2. Remove the pith carefully by scraping with a paring knife. – 3. Core and trim the apple to make baked apples. – 4. Mash the potatoes and then add butter and cream or milk. – 5. For cooking without the skin, peel the pears carefully from stalk down. – 6. It is easier to stone the freestone variety of apricot. – 7. Some people use a machete to husk a coconut. – 8. To get as much juice as possible, squeeze by hand or press in a machine. – 9. Cut in segments after removing the bitter white pith. – 10. Use cinnamon to flavour stewed, boiled or poached fruit.

Exercice 2 › p. 53

1. red fruit – 2. fruit purée – 3. pulp – 4. sherbet – 5. kernel – 6. plain – 7. segment – 8. stewed fruit – 9. sour – 10. crystallise (to) – 11. crunchy – 12. canned

Exercice 3 › p. 53

1. b – 2. a – 3. a – 4. a – 5. b – 6. b – 7. b – 8. a

24 Les fruits / *Fruit*

Exercice 1 › p. 55

Fruit : avocado, blackberry, date, lime, lychee, plum, rhubarb, watermelon.
Nuts : almond, cashew nut, chestnut, hazelnut, peanut, pecan nut, pistachio, walnut.

Exercice 2 › p. 55

1. wild strawberries – 2. cranberry – 3. lime – 4. grapes – 5. pineapple – 6. grapefruit – 7. redcurrant – 8. gooseberry – 9. blood orange – 10. coconut

Exercice 3 › p. 55

1. apple – 2. banana – 3. peach – 4. passion fruit – 5. blackcurrant

25 Les produits laitiers / *Dairy products*

Exercice 1 › p. 57

1. knob (of butter) is not milk
2. fruity (the others are kinds of milk) – 3. mouldy (the others are descriptions of cheese) – 4. rind (the others are kinds of cream) – 5. powdered (butter does not come powdered).

Exercice 2 › p. 57

1. fat free – 2. cottage cheese – 3. Blue – 4. mature – 5. goat's milk cheese – 6. mild – 7. grated – 8. hard cheese – 9. yoghurt – 10. cream cheese

Exercice 3 › p. 57

1. margarine – 2. Whipped cream – 3. Condensed milk – 4. Sour cream – 5. Whey
NB. The title is a children's nursery rhyme. It continues: There came a big spider, who sat down beside her, and frightened Miss Muffet away.

26 Aromates et épices / *Seasoning and spices*

Exercice 1 › p. 59

1. Coriander (cilantro) – 2. Mint – 3. Parsley – 4. Dill – 5. Basil – 6. Oregano – 7. Rosemary – 8. Chives – 9. Sage – 10. Savory – 11. Thyme – 12. Tarragon – 13. Marjoram

Exercice 2 › p. 59

1. H – 2. E – 3. L – 4. I – 5. O – 6. M – 7. J – 8. B – 9. F – 10. N – 11. A – 12. K – 13. D – 14. C – 15. G

27 Condiments, huile et vinaigre / *Condiments, oil and vinegar*

Exercice 1 › p. 61

Sweet: lump sugar, honey, saccharin
Savoury: mustard, clove of garlic, celery salt, pepper

Exercice 2 › p. 61

1. balsamic – 2. cider – 3. raspberry – 4. wine – 5. sherry – 6. herb – 7. spirit

Exercice 3 › p. 61

1. glutamate – 2. sea salt – 3. gherkin – 4. olive oil – 5. chutney – 6. sesame oil – 7. French dressing – 8. peanut oil – Hidden word: marinade

28 Les boissons sans alcool / *Soft drinks*

Exercice 1 › p. 63

white (coffee) – decaffeinated (coffee) – black (coffee) – froth – machine – pot – sugar free – soft drinks – fruit juice – fresh – grape – apple – pineapple

Exercice 2 › p. 63

ice-cold – well-chilled – chilled – cooled – cold – warm – hot

Exercice 3 › p. 63

1. Would you like still water or sparkling water? Oh, just tap water please.
2. I'm afraid the water jug is empty so I cannot pour you anything to drink.
3. Just one lump of sugar (/ sugar lump) in my cup of tea please.
4. Mineral water is always drinkable whereas tape water can be polluted.
5. Would you like your tea with lemon or with milk?
6. Put the leaf tea in the tea pot and leave to brew for 1-2 minutes.
7. For full flavour, herbal tea takes longer and should steep for 3-5 minutes.
8. Strain from the tea pot to the cup through a tea strainer.
9. We have fizzy drinks like lemonade and cola; or cordials.
10. Do you use sweeteners or sugar in mint tea and green tea?

29 Les boissons alcoolisées / *Alcoholic drinks*

Exercice 1 › p. 65

1. You shake a cocktail shaker. / You uncork a bottle of wine. / You mix a martini cocktail. – 2. Draught beer is served from a cask. / Whisky is often served on the rocks. / Red wine is better served at room temperature. – 3. Vintage wine is usually expensive. / Sparkling wine is good for a celebration. / Corked wine is undrinkable!

Exercice 2 › p. 65

WINE	BEER	OTHER ALCOHOLIC DRINKS
red, rosé, white, champagne, sweet, dry	lager, stout, cream ale, bitter, shandy, draught	whisky, bourbon, brandy, gin, port, rum, cider, sherry (sweet / dry)

Exercice 3 › p. 65

1. a good year for wine
2. Burgundy - guaranteed vintage
3. Full bodied wine - a good bouquet/nose (NB. An “off-nose” is an offensive or defective aroma)
4. Half a bottle?
5. A good year - Claret
6. Late harvest wines
7. Vintage year - label – 8. Table wine - brand - local

30 Le pain et les ingrédients pour desserts / *Bread and dessert ingredients*

Exercice 1 › p. 67

1. a bread roll – 2. soda bread – 3. rye bread – 4. some toast – 5. wholemeal bread – 6. a loaf of white bread – 7. country bread – 8. sandwich bread – But I do not want this bread – it is stale! Just give me a French baguette!

Exercice 2 › p. 67

1. floating (all the rest are kinds of chocolate)
2. basic (all the rest are kinds of sugar)
3. cream (all the rest are kinds of pastry)
4. chocolate (all the rest are kinds of flour).

Exercice 3 › p. 67

1. crust and crumb – 2. fresh – 3. softened butter – 4. breadcrumbs – 5. marzipan – 6. honey – 7. yeast – 8. pastry cream – 9. cocoa – 10. almond paste – 11. dough – 12. baking soda

31 Les principaux plats et entrées / *Main courses and starters*

Exercice 1 › p. 69

1. cottage pie – 2. seafood platter – 3. black pudding – 4. jugged hare – 5. spring roll – 6. chicken hotpot – 7. duck preserve – 8. cheese fondue – 9. shepherd's pie – 10. Peking duck

Exercice 2 › p. 69

1. roast potatoes – 2. baked potatoes – 3. French fries – 4. boiled potatoes – 5. crisps – 6. jacket potatoes – 7. mashed potatoes – 8. Dauphine potatoes – 9. sautéed potatoes – 10. Duchess potatoes – 11. steamed potatoes – 12. Gratin Dauphinois / Dauphinoise potatoes

Exercice 3 › p. 69

pistou soup – mixed vegetables – bouillabaisse – grated celeriac – chef's own salad – gazpacho – broth – lobster bisque – stock – ratatouille – mixed diced vegetables – salad niçoise

32 Les principaux desserts / *The most common desserts*

Exercice 1 › p. 71

1. trifle – 2. French toast / eggy bread – 3. apple pie with custard – 4. cream puff – 5. zabaglione – 6. lemon sorbet – 7. ice cream log – 8. custard cream mould – 9. apple fritters – 10. chocolate fondant cake

Exercice 2 › p. 71

1. baked alaska – 2. apple turnover – 3. chocolate truffle – 4. fruit salad – 5. floating island – 6. rice pudding – 7. chocolate mousse – 8. peach melba – 9. stewed fruit – 10. caramel cream

Exercice 3 › p. 71

1. macaroons – 2. waffle – 3. shortbread – 4. sponge fingers – 5. biscuits / cookies – 6. black Forest gateau – 7. candied chestnut – 8. gingerbread

33 Les beurres et les sauces – Butters and sauces

Exercice 1 › p. 73

1. b – 2. b – 3. c – 4. a – 5.a – 6. b – 7. a – 8. c – 9. a – 10. c

Exercice 2 › p. 73

1. marinating – 2. mixing with a liquid – 3. thinning out – 4. deglazing – 5. whipping – 6. stirring – 7. thickening

Exercice 3 › p. 73

1. D = parsley and garlic butter
2. S = Roux
3. D = garlic flavoured mayonnaise
4. S = tomato coulis
5. D = Anchovy paste
6. D = basil and parsley sauce

34 Les verbes culinaires (A → C) / *Cookery verbs (A → C)*

Exercice 1 › p. 75

1. sharpen – 2. season – 3. steam – 4. baste – 5. drink – 6. curdle – 7. cut into sticks – 8. braise – 9. truss – 10. (deep) freeze

Exercice 2 › p. 75

1. clarify – 2. brush over – 3. whisk – 4. chopped – 5. dice – 6. blind bake – 7. blanch – 8. shake – 9. flavour – 10. preserve

Exercice 3 › p. 75

1. go with – 2. burn – 3. bake – 4. crush – 5. slice – 6. wait – 7. heat – 8. roll out

35 Les verbes culinaires (D → L) / *Cookery verbs (D → L)*

Exercice 1 › p. 77

1. brown – 2. spoil – 3. go lumpy – 4. drain – 5. scale – 6. squash – 7. remove the stalk – 8. dilute – 9. turn out of the mould – 10. fill (with)

Exercice 2 › p. 77

		S			W	H	I	P			C		S	T	E	A	M		
S	H	E	L	L			D	E	F	R	O	S	T						
I		E				T		E			R		U		L				
M		D			B	O	I	L	O	V	E	R	F		A		S		
M	I	N	C	E		A			I				F	R	Y		T		L
E						S			L						O	B	O	N	E
R	E	M	O	V	E	T	H	E	N	E	R	V	E	S	U		N		A
	N	E							T			Y			T		E		V
	J	L				W			H			O			F	L	A	M	E
D	O	T	H	E	W	A	S	H	I	N	G	U	P						A
E	Y	C				S			C			R			W				S
G	A	R	N	I	S	H		S	K	I	M		T	H	A	W			I
L		U					S		E						S				D
A		M			W		W		N						T	A	S	T	E
Z		B			I	C	E		A	R	R	A	N	G	E				
E	G	L			P		A		S					L			M		
F	R	E	E	Z	E		T	B	A	R	D		C	A	R	V	E		
	I								U					Z			A		
	L	E	A	V	E	N			C	U	T	U	P	E			L		
	L								E										

Expression: Enjoy your meal!

36 Les verbes culinaires (M → Z) / *Cookery verbs (M → Z)*

Exercice 1 › p. 79

1. Bring water to the boil – 2. Whip up egg whites – 3. Grind coffee – 4. Cover with sauce – 5. Sprinkle with parsley – 6. Go bad / mouldy – 7. Add seasoning or spice – 8. Fry the meat quickly – 9. Put the sauce aside – 10. Coat with bread-crumbs

Exercice 2 › p. 79

1. knead – 2. store – 3. roast – 4. pour – 5. reduce – 6. fill – 7. scrape – 8. soften – 9. sieve – 10. cool

Exercice 3 › p. 79

Ingredients: Mixed, fresh vegetables; 1 egg per person, cheese.
You do not need to measure the quantities.
Peel the vegetables.
Bring the water to the boil.
Steam the vegetables over the boiling water, remove, and put aside.
Grate the cheese.
Fry or poach the eggs.
Reheat, pepper and salt the vegetables.
Present on individual ovenproof dishes.
Sprinkle the grated cheese over.
Brown under the grill before serving.

37 Les arts de la table : la vaisselle / *Crockery and tableware*

Exercice 1 › p. 81

1. side plate
2. soup plate
3. dinner plate
4. plate cover
5. tumbler / water glass
6. wine glass
7. champagne glass
8. coffee cup
9. water jug

Exercice 2 › p. 81

1. soup tureen
2. meat / fish / cake dish
3. salad bowl
4. cheese board
5. bread basket
6. finger bowl
7. sauce boat
8. egg cup
9. cheese cover
10. serving dish
11. ice / wine/ Champagne bucket
12. seafood tray / platter

Exercice 3 › p. 81

1. First of all, he has to lay / set the table before the diners arrive.
2. Then he has to serve them during the meal with a smile.
3. When they have gone, he has to clear the table.
4. Of course, he mustn't forget to wipe the table when he has finished.

38 Couverts et décoration / *Cutlery and decoration*

Exercice 1 › p. 83

1	D	E	S	S	E	R	T	S	P	O	O	N				
2		F	I	S	H	K	N	I	F	E						
3					L	A	D	L	E							
4					S	E	R	V	I	N	G	S	P	O	O	N
5					C	A	K	E	S	L	I	C	E			
6			K	N	I	F	E	R	E	S	T					
7	L	O	B	S	T	E	R	C	R	A	C	K	E	R		
8						S	O	U	P	S	P	O	O	N		
9					T	O	O	T	H	P	I	C	K			
10				S	N	A	I	L	T	O	N	G	S			
11			C	H	E	E	S	E	K	N	I	F	E			
12						C	A	R	V	I	N	G	F	O	R	K
13			P	A	S	T	R	Y	F	O	R	K				

Exercice 2 › p. 83

1. go and get/fetch – table napkin – 2. Non-crease – tablecloth – 3. Linen napkin – paper napkin – 4. Table mats – easy to clean – 5. napkin ring – missing.

Exercice 3 › p. 83

1. table number – 2. ashtray – 3. vase – 4. napkin holder

39 Le cadre, les locaux, le mobiliers / *The setting, the premises, the furnishings*

Exercice 1 › p. 85

Rack: plate – coat. Table: coffee – corner – side. Stand: coat – hat – umbrella

Exercice 2 › p. 85

1. armchair – chair – cushion – high chair/baby chair pouf – seat – stool
2. cellar – dining room – kitchen – lavatory (loo / toilet / restroom) – private room – wine cellar
3. sideboard
4. Blind – carpet – curtain – rug – shutters

Exercice 3 › p. 85

Elegant / refined / smart – modern – terrace – square – shady – sunny – French window – lobby – corridor – door – ground floor – round – calm – fireplace – fan – noisy – (emergency) exit – floor

40 L'accueil de la clientèle et la prise de commande / *Welcoming the customer and taking orders*

Exercice 1 › p. 87

The people who work in the restaurant / hotel:
1. waiter – 2. waitress – 3. wine waiter – 4. barmaid – 5. barman – 6. cloakroom attendant – 7. porter – 8. receptionist.
The guests:
1. foreigner – 2. elderly people – 3. gentleman and lady – 4. couple – 5. family – 6. father, mother, son and daughter / husband, wife and child (children) – baby – 7. patron / a regular – 8. grandchildren with grandparents.

Exercice 2 › p. 87

1. polite – 2. patient – 3. alone – 4. rude – 5. helpful – 6. skilful – 7. disabled – 8. on holiday

41 Addition et moyens de paiement / *Billing and means of payment*

Exercice 1 › p. 89

Waiter: Can I get you anything else sir?
Guest: No thank you, just the bill please.
W: Here you are. 4 house menus at £30.50 per person; that makes £122.00. Drinks are not included, that's another £60.00 and we have to add VAT at 20% of course. So all tax included the total amount adds up to £218.40.
G: Is service included?
W: Yes, there is a service charge but it is up to the discretion of the customer if they want to leave a tip as well – of course!
G: You seem to have forgotten the glasses of champagne we had before lunch.
W: You are a regular customer sir, it's on the house.
G: Thank you. Don't forget that we have a loyalty card so we should get a 10% discount.
W: Of course sir. How would you like to pay?
G: I've got some lunch vouchers worth £50.00, and I'd like to pay the rest by cheque. Here you are, hold on a minute while I fill in the stub.

W: Certainly, could I just have a signature here please?
G: Here you are. Could I have a receipt so I can charge it to the company?
W: Thank you and we are looking forward to seeing you again soon.

Exercice 2 › P. 89

Prices: all-inclusive - cheap - expensive - free - reasonable
Billing: invoice - net price - rebate - sub-total
Means of payment: cash - change - credit card - debit card - small change - till/ cash register
Payment expressions: get change - give credit - go Dutch - it's on me - pay separately - pay together - sign

42 L'organisation des repas et les menus / *Meals and menus*

Exercice 1 › P. 91

1. a – 2. c – 3. b – 4. a – 5. b – 6. c – 7. c – 8. b – 9. b – 10. a – 11. c

Exercice 2 › P. 91

aperitif - appetizer - starter - main course - cheese - dessert - coffee
NB: In England the cheese is usually served after the dessert.

Exercice 3 › P. 91

1. 2-course menu – 2. buffet – 3. slimmer's / vegetarian menus – 4. today's special – 5. local dish – 6. plate service – 7. at lunchtime only – 8. gourmet menu

43 Le petit-déjeuner et les manifestations particulières / *Breakfast and special occasions*

Exercice 1 › P. 93

Fresh bread or slices of toast
with butter and home-made jam or marmalade
Wide choice of cereals and mueslis
Fresh orange juice
Yoghurt or farmer's cheese

Cooked breakfast:
Eggs: Boiled / fried / poached / scrambled
Bacon / sausage / mushrooms
Tea or coffee

CORRIGÉS

Exercice 2 › p. 93

1. Birthday – 2. Engagement – 3. Wedding (reception) – 4. Dinner dance – 5. Funeral – 6. Christening / Baptism – 7. Cocktail party – 8. Business luncheon

Exercice 3 › p. 93

1. (Saint) Valentine's day – 2. Christmas (day / eve) – 3. New Year's Day – 4. National holiday – 5. April Fool's Day – 6. New Year's Eve – 7. Easter (Sunday / Monday) – 8. Good Friday – 9. Boxing day – 10. Assumption – 11. All Saints – 12. Epiphany

44 Plaintes et réclamations / *Complaints*

Exercice 1 › p. 95

1. D – 2. I – 3. F – 4. A – 5. G – 6. C – 7. H – 8. J – 9. B – 10. E

NB: When Anglophones complain or say something negative, they are generally very polite. They often begin the sentence with "I'm afraid..." or "I'm sorry but..."

Exercice 2 › p. 95

1. I am afraid my wife is not feeling well.
2. I am allergic to all wheat products.
3. The waiter is qualified in first aid.
4. He has a special diet because he is diabetic.
5. Let me put a plaster on your cut.
6. I feel dizzy and my head is spinning.
7. I think I have got food poisoning.
8. It is not a deep wound but you should see a doctor.
9. The chef has cut himself and there is blood everywhere.
10. Could somebody call an ambulance?

45 Le personnel / *Staff*

Exercice 1 › p. 97

1. hall porter / doorman – 2. page / bellboy – 3. housekeeper – 4. switchboard operator – 5. maid / chamber maid – 6. night porter – 7. accountant – 8. receptionist – 9. lift attendant / lift boy – 10. information officer – 11. linen maid – 12. night watchman – 13. cashier – 14. security officer – 15. seamstress – 16. storekeeper – 17. hotel manager

Exercice 2 › p. 97

1. handyman – 2. maintenance manager – 3. groundsman / gardener – 4. electrician – 5. maintenance man – 6. plumber

Exercice 3 › p. 97

1. polite – 2. friendly – 3. trained – 4. bilingual – 5. helpful – 6. hospitable – 7. discreet – 8. efficient

46 Les catégories d'hôtel et les différentes pièces / *Type of hotel and rooms*

Exercice 1 › p. 99

1. motel – 2. 5-star hotel – 3. holiday village – 4. airport hotel – 5. bed and breakfast – 6. youth hostel – 7. health resort / spa – 8. boarding house – 9. inn – 10. half board – 11. full board – 12. accommodation only

Exercice 2 › p. 99

1. cloakroom – 2. lounge – 3. dining room – 4. lavatory – 5. conference room – 6. front desk – 7. bar – 8. bedroom – 9. children's playroom – 10. lobby

Exercice 3 › p. 99

1. ground floor / first floor
2. car park / parking lot
3. laundry room
4. staircase / stairs
5. shower room
6. balcony
7. basement
8. goods delivery office
9. corridor
10. entrance
11. roof
12. cellar

47 La chambre et les sanitaires / *Room types and bathroom fittings*

Exercice 1 › p. 101

1. a – 2. c – 3. c – 4. b – 5. a – 6. a – 7. b – 8. c – 9 a – 10. c

Exercice 2 › p. 101

1. bidet – 2. hair dryer – 3. towel rail – 4. bin – 5. razor socket

Exercice 3 › p. 101

Hair: comb / conditioner / hairbrush / shampoo
Teeth: glass / toothbrush / toothpaste
Body: bubble bath / liquid soap dispenser / shower gel / soap
Beard (/ moustache): razor / shaving cream
Face: makeup

CORRIGÉS

48 Le mobilier et l'équipement / *Furniture and Fittings*

Exercice 1 › *P. 103*

1. F dressing table – **2.** D chest of drawers – **3.** I queen/king sized bed – **4.** A bedside table – **5.** H high chair – **6.** C folding bed – **7.** J coffee table – **8.** E double bed – **9.** G child's chair – **10.** B four poster bed

Exercice 2 › *P. 103*

1. armchair, sofa – **2.** air conditioning, fan – **3.** coat hanger, wardrobe – **4.** minibar, TV, radio, wireless/Wi-Fi – **5.** drawer, shelf, desk, cupboard/ closet – **6.** cot / crib, adapter

Exercice 3 › *P. 103*

1. light bulb – **2.** heating – **3.** electricity – **4.** switch – **5.** socket – **6.** heater – **7.** mirror

49 Le linge et le nettoyage / *Linen and cleaning*

Exercice 1 › *P. 105*

Bed: bottom sheet, drawsheet, duvet case, fitted sheet, top sheet
Bathroom: bathrobe, bath towel, flannel, hand towel
Table: napkin, tablecloth

Exercice 2 › *P. 105*

1. hot water bottle – **2.** duvet – **3.** pillow – **4.** cushion – **5.** eiderdown – **6.** blanket – **7.** bolster – **8.** bedspread

Exercice 3 › *P. 105*

1. Every morning, I have to do the rooms on the 7th floor.
2. Generally, I have to clean every room thoroughly.
3. This means, for example, that I vacuum the carpet and sweep the parquet floors.
4. I usually make the beds first, and tidy the room generally.
5. Then I clean the bathroom from top to toe.
7. Sometimes guests will ask me to iron their clothes.
8. And once, a guest asked me to sew his buttons onto his shirt!

Exercice 4 › *P. 105*

1. mop – **2.** dry cleaning – **3.** light clean – **4.** maintenance – **5.** broom – **6.** production sheet – **7.** laundry – **8.** cleaning trolley

50 Arrivée et bagages / *Arrival and luggage*

Exercice 1 › P. 107

Mr Warlok: So, first I called the hotel to make a reservation for the weekend. We drove to the hotel and were met by the carhop who parked our car for us in the car park. The porter came over and took our luggage out of the boot of the car and carried it to the hotel. Then we went to reception to sign the register...

Receptionist: Good morning, have you got a booking?

MW: Yes of course. My name is Gregory Warlok.

R: How do you spell your name?

MW: W-A-R-L-O-K

R: Yes... Mr Warlok... Here it is. Arrival 21st June, departure 24th June. That's fine. It's nice to meet you Mr and Mrs Warlok. Welcome to Castle Dour. Could you just fill in this form please? ... Thank you.

MW: What is our room number?

R: Number 14, it's the White Suite – our best room on the first floor. The lift is just over there by the stairs. Here is your key card. Please don't lose it! The bell boy will pick up your luggage and bring it to your room. That bag looks heavy, it's better if he lifts it for you. The maid will unpack for you (and she will pack before you leave), so why don't you go to the restaurant, take a seat and have a nice glass of champagne on the house to celebrate your arrival?

MW: Well that's very kind of you – thank you.

R: One last thing! On the day you leave, you have to vacate the room by 11am.

MW: We'll be leaving early. Thank you.

R: Thank you and enjoy your stay.

Exercice 2 › P. 107

1. First name / christian name
2. Surname / family name / last name
3. Passport number
4. Nationality.
5. Marital status
6. Length of stay
7. Room number
8. Non-arrival / no show

51 La facturation et l'argent / *Billing and money*

Exercice 1 › P. 109

1. Would you like to put your valuables in the safe?
2. Did you know they use a Dollar in the States and a Pound in the UK instead of the Euro?
3. A banknote is paper money and a coin is made of metal.

Exercice 2 › P. 109

									14.												
1						T	R	A	V	E	L	L	E	R	S	C	H	E	Q	U	E
2		E	X	T	R	A	C	H	A	R	G	E									
3								S	L	E	E	P	O	U	T						
4					A	C	C	O	U	N	T										
5								R	E	C	E	I	P	T							
6		P	R	I	C	E	D	I	F	F	E	R	E	N	C	E					
7							R	O	O	M	R	A	T	E							
8			R	E	G	I	S	T	R	A	T	I	O	N	C	A	R	D			
9								A	M	O	U	N	T								
10					D	I	S	C	O	U	N	T									
11			F	O	R	E	I	G	N	C	U	R	R	E	N	C	Y				
12		E	X	C	H	A	N	G	E	R	A	T	E								
13	C	R	E	D	I	T	P	A	Y	M	E	N	T								

52 Santé et urgence / *Health and emergencies*

Exercice 1 › P. 111

1. first aid kit – **2.** emergency – **3.** sickroom – **4.** medicine – **5.** antiseptic – **6.** healthy – **7.** sticking plaster (NB: graze = écorchure) – **8.** dizzy – **9.** pain – **10.** painkiller

Exercice 2 › P. 111

1. B/E/G – **2.** D – **3.**A – **4.** I – **5.**H – **6.**B/E/G – **7.** J – **8.** C – **9.** F – **10.** B/E/G

Exercice 3 › P. 111

1. is – **2.** take – **3.** feel – **4.** catch – **5.** call – **6.** calm – **7.** treat, cure – **8.** are – **9.** send – **10.** get

53 Résolution de problème / *Problem solving*

Exercice 1 › P. 113

1. I'm afraid there is a mistake. We have been overcharged.
2. My handbag has been stolen!

3. I would like to lock up my jewels. There is no safe.
4. There is a leak in the bathroom.
5. I forgot my key. Do you have a master key?
6. The bedroom is dirty and dusty it needs cleaning.
7. Could someone replace the light bulb please?
8. The coffee machine is out of order.
9. The noise coming from the dining room is terrible.
10. The bed is extremely uncomfortable.

Exercice 2 › p. 113

1. We are sorry for any inconvenience you may have been caused.
2. I will send someone up to deal with that immediately.
3. I'm afraid we are very short-staffed at the moment.
4. You say the bed was unmade this morning? I'm so sorry. I'll speak to the housekeeper.
5. Please accept our offer of another night at the hotel at our expense.
6. Your room is too noisy? We'll find a solution don't you worry.
7. I'm afraid that a client caused a short circuit but the electricity will be on again soon.
8. I do apologise. We will send someone to repair your T.V. within 10 minutes.
9. I am sorry but we have completely run out of soap!
10. We would be grateful if you would fill in our satisfaction survey.

Exercice 3 › p. 113

1. run – 2. improve – 3. find – 4. lodge – 5. ensure – 6. disturb – 7. lock – 8. solve

54 Les services de l'hôtel et les séminaires / *Hotel services and seminars*

Exercice 1 › p. 115

Sports: Fitness centre / gym – tennis court – indoor/outdoor swimming pool – golf course – riding – ice rink – bicycle hire / rent
Wellness and beauty: hairdressing salon – beauty salon – manicure – beauty care
Entertainment: ballroom – cocktail lounge – TV lounge – cinema – nightclub / disco – games room
Visiting: sight-seeing tour – lunch box – safari
Transport: car hire / rental – hotel shuttle

Exercice 2 › p. 115

conference room – participants – facilities for the disabled – wheelchair – snack – light meal – platform – microphone – beamer – screen – foreign language – interpreter – simultaneous translation.

55 La ville et les environs / *Town and around the town*

Exercice 1 › *P. 117*

1. riverside – 2. in town – 3. seaside – 4. countryside

Exercice 2 › *P. 117*

1. busy – 2. touristy – 3. guarded – 4. rough – 5. safe

Exercice 3 › *P. 117*

assistance – lost – directions – map – walk – dyke – way – street – park

56 Les sites touristiques / *Tourist attractions*

Exercice 1 › *P. 119*

1. a – 2. c – 3. c – 4. b – 5. a – 6. a – 7. b – 8. c – 9. a – 10. b

Exercice 2 › *P. 119*

1. D – 2. I – 3. F – 4. K – 5. B – 6. H – 7. L – 8. A – 9. J – 10. C – 11. G – 12. E

57 Les transports / *Transport*

Exercice 1 › *P. 121*

1. High speed train – 2. Bus driver – 3. Left-luggage locker – 4. Inter-city train – 5. Return ticket – 6. Bus shelter – 7. Full fare – 8. Ticket collector – 9. Commuter train – 10. Ticket office – 11. Reduced fare – 12. Single ticket – 13. Public transport – 14. Bus stop – 15. Coach station

Exercice 2 › *P. 121*

1. shuttle – 2. underground – 3. barge – 4. platform – 5. coach – 6. bicycle – 7. motorbike – 8. bus – 9. station – 10. tram – 11. ferry – 12. dining car – 13. scooter – 14. compartment – 15. gangway – 16. track

Exercice 3 › *P. 121*

We booked our holiday on-line for the first time. So we wondered what it would be like. We travelled by bus to get to the station, and then by train to get to the port. We only just managed to catch the train because the bus was running late! The ticket collector stamped our tickets and didn't make us pay a fine. There were so many passengers – the train was packed but it was a through train so we travelled fast. We got to the port and went on board the cruise liner. The ship is really comfortable, the rooms are air-conditioned. We pulled out of the harbour on time and our holiday really began. We cycled around amazing Greek villages and only one of the visits was cancelled because of bad weather.

58 La météo / *The weather*

Exercice 1 › p. 123

1. It is sunny today – 2. Yesterday was very damp – 3. What is the weather like in Italy? – 4. ...the snow is melting at last. – 5. ... desert climate

Exercice 2 › p. 123

1. cloudless, dry – 2. black ice – 3. bright intervals, wind – 4. hail, showers – 5. storm, lightning, thunder – 6. rainbow – 7. heatwave/dog days – 8. fog – 9. snow, overcast – 10. frost – 11. changeable, pleasant – 12. climate.

Exercice 3 › p. 123

freezing – cold – cool – mild – warm – hot – boiling

Exercice 4 › p. 123

1. sunbeam – 2. hurricane – 3. rainy – 4. close/sultry – 5. dry – 6. tempest – 7. cloudy – 8. degree

59 Se repérer dans le temps / *Time*

Exercice 1 › p. 125

DURING THE DAY: a) (le) matin – b) (l') après-midi) – c) (le) soir – d) (la) nuit
DAYS: a) aujourd'hui – b) demain – c) après demain – d) hier – e) avant-hier – f) la veille – g) hier soir – h) ce soir
WEEKS/MONTHS/YEARS: a) quinzaine – b) trimestre – c) semestre

Exercice 2 › p. 125

a) 10 o'clock in the morning – b) midday / noon – c) quarter past two (in the afternoon) – d) midnight – e) quarter to eight (in the morning) – f) half past five (in the afternoon) – g) at three – h) late – i) sometimes – j) 24 hours a day – k) early – l) always – m) right / straight away – n) on time

Exercice 3 › p. 125

Days: Monday, Tuesday, Wednesday, Thursday, Friday, Saturday, Sunday
Months: January, February, March, April, May, June, July, August, September, October, November, December
Seasons: spring, summer, autumn, winter
Notez que les jours de la semaine et les mois prennent toujours une majuscule.

60 Se repérer dans l'espace / *Finding the way around*

Exercice 1 › p. 127

1. outside/outdoors – 2. near/next to – 3. right – 4. in – 5. at the top of – 6. shade – 7. at the end of – 8. in the middle – 9. in front of – 10. sun – 11. terrace – 12. indoors /inside – 13. at the bottom of – 14. facing – 15. cosy

Exercice 2 › p. 127

nearby – down – towards – cross – over – on the other side – behind – up – turn – at – through – straight ahead – in the garden – under

Exercice 3 › p. 127

along – above – past – nowhere – on – into – between – anywhere – across – up – somewhere – below – among – against

61 Poids, mesure et conversion / *Weights, measures, conversion*

Exercice 1 › p. 129

1. 84 – 2. 175 – 3. 300 – 4. 55 – 5. 150 – 6. 280 – 7. 107 – 8. 99

Exercice 2 › p. 129

1			M	E	T	R	E						
2	D	E	G	R	E	E							
3			D	I	M	E	N	S	I	O	N		
4			C	A	P	A	C	I	T	Y			
5				W	E	I	G	H	T				
6			S	U	R	F	A	C	E	A	R	E	A
7				G	A	L	L	O	N				
8					T	O	N						
9	M	E	A	S	U	R	E	M	E	N	T		
10				G	R	A	M						
11		S	I	Z	E								

N°d'éditeur : 10209520 - JOUVD - Dépôt légal : août 2014
Imprimé en France par I.M.E. - 25110 Baume-les-Dames